BIOGRAPH
WORLD NOBEL PRIZE WINNERS

诺贝尔奖获奖者传记丛书

FRANS EEMIL SILLANP：A BIOGRAPHY

西兰帕传

陈挥地◎著

时代文艺出版社

授奖辞
Award-winning Remarks

由于他在描绘两样互相影响的东西——他祖国的本质以及该国农民的生活时所表现的深刻了解与细腻艺术。

——诺贝尔奖委员会

目 录
Contents

001 / 序言
Preface

001 / 第一章　早年生活
Preface: The Pride of Finland

　　002 / 1.农民的儿子
　　　　Farmer's Son

　　007 / 2.童年的友谊
　　　　Farmer's Son

　　011 / 3.苦难中成长
　　　　Grow up in Misery

　　022 / 4.坦佩雷中学
　　　　Tampere School

　　028 / 5.初识《牛虻》
　　　　Acquaintance with The Gadfly

　　032 / 6.走出坦佩雷
　　　　Out of Tampere

　　037 / 7.追梦赫尔辛基
　　　　Realize His Dream in Helsinki

　　042 / 8.与艾丽克斯相爱
　　　　Fall in Love with Alex

　　048 / 9.汉克斯的婚礼
　　　　Hanks's Wedding

055 / 第二章　梦想与现实
Chapter 2 Dream and Reality

056 / 1.辍学
Drop out of School

067 / 2.黑暗中的微光
The Dim Light in the Dark

073 / 3.至亲的离去
The Departure of Loved Relative

078 / 4.仲夏日的婚礼
Miidsummer Day Wedding

084 / 5.写作探索期——《生命和阳光》
The Exploration Period of Writing

085 / 6.战争！战争！
War! War!

090 / 7.《神圣的贫困》和《黑里图与拉纳尔》
Holy poverty

096 / 8.别具一格的别墅
An Unique Villa

101 / 9.财务困扰
Financial Distress

107 / 第三章　辉煌与阴霾
Chapter 3 Brilliant and Haze

108 / 1.迟到的幸福
Happiness Being Late

113 / 2.回乡之旅
A Journey of Returning Home

121 / 3.《少女西丽亚》
The Maid Silja

124 / 4.《夏夜的人们》
People in the Summer Night

126 / 5.收获的季节开始了
The Harvest Season Begins

131 / 6.菲利普结婚
Philip

136 / 7.永远的西格丽特
Forever Sigma Margaret

143 / 8.硝烟中的荣耀
The Glory in the Smoke

149 / 第四章　阴影中的生活
　　　Chapter 4 Life in the Shadow

　　150 / 1.分饰两角
　　　　Played Two Parts

　　154 / 2.决定戒酒
　　　　Decided to Stop Drinking

　　159 / 3.第二任妻子
　　　　The Second Wife

　　164 / 4.小女儿出嫁
　　　　His Daughter Married

　　166 / 5.新的获奖者
　　　　The New Winner

　　170 / 6.重新执笔
　　　　Re-writing

175 / 第五章　最后的时光
　　　Chapter 5 The Last Time

　　176 / 1.《八月》与《人生甘苦》
　　　　August and the Joys and Hard Time of Life

　　178 / 2.病故
　　　　Death

　　181 / 3.葬礼
　　　　The Funeral

185 / 附录
　　　Appendix

　　186 / 西兰帕生平
　　　　Frans Eemil Sillanp's Life

　　188 / 获奖时代背景
　　　　Award-winning Background

　　191 / 西兰帕年表
　　　　Frans Eemil Sillanp Chronology

　　192 / 获奖当年世界大事记
　　　　Albert Einstein Chronology

芬兰著名文学家弗兰斯·埃米尔·西兰帕（Frans Eemil Sillanp，1888—1964）于1888年9月16日出生在芬兰海曼屈莱地区一个贫苦的佃农家庭，从小就接触到处于社会最底层的普通劳苦大众，这对他日后的生活和文学创作产生了深远的影响。

西兰帕从小就显示出他与众不同的一面。做为家中唯一的孩子，他不仅聪明好学，而且十分懂事，尽管家中生活十分艰辛，父母仍然省吃俭用，千方百计供他读书。西兰帕也非常争气，从坦佩雷中学毕业后，他以优异的成绩考入芬兰最高学府——赫尔辛基大学，就读于自然科学系，立志当一名优秀的生物学家。

每个人的心中，都有一个美好的梦想。在这个笼罩着五彩光芒的想象中，充满了无数殷切的希望和期盼。然

序 言
芬兰的骄傲

而，现实总是残忍的，它轻易地击碎了梦想的光环，把生活最残忍的一面掀开给你看。

在西兰帕大学的最后一年，他因家庭日趋贫困，无奈之下被迫辍学。回乡之后，他跟一个农民的女儿结了婚。早在赫尔辛基上大学期间，他就对文学产生了浓厚的兴趣。从此，他开始了文学创作生涯。

上帝总是公平的，他关闭了你面前的这扇门，必定还会为你保留一扇窗。在那个你还未察觉到的地方，有你所从未想象过的美好与辉煌。对于西兰帕而言，结束大学生活固然是一个令人心灰意冷的转折点，但投身于文学创作却是他另一个梦想的起点。

在西兰帕创作的早期，正是芬兰民族矛盾和阶级矛盾空前尖锐、斗争十分激烈的时期。动荡的社会，连年的战乱，使所有的灾祸和苦难全方位地体现在人民的生活中。西兰帕长期居住在农村，对普通民众的生活体会深切。文学的意义就是用艺术的手法反映出真实的现实。在这种情况下，1919年，西兰帕发表了长篇巨著《神圣的贫困》。在这部作品中，他冷静地剖析了农民革命的真正原因，反映出芬兰贫苦农民的命运，展现了真实的历史。

时间的车轮从来都是无情的，它漠然无视一切滚滚向前，却磨灭不了灵魂的光芒。20世纪30年代末开始，西兰帕出版了一些重要的小说，其中的《少女西丽亚》和《夏夜的人们》引起了广泛的社会关注。此后，他被授予赫尔辛基大学名誉哲学博士学位。

历史定格在1939年，这是一个辉煌的时刻：西兰帕凭借《少女西丽亚》一书荣获诺贝尔文学奖。他是芬兰历史上唯一一位获得诺贝尔文学奖的作家。

西兰帕的小说有一个十分明显的特色，那就是他的文字中凸显出的农民本色。他是芬兰农民的儿子，他热爱农村和农民，尤其是贫苦农民。在这个基础上，他的小说以现实主义的手法，通过极为质朴的语言文字，忠实地反映了当时芬兰农民悲惨的生活。由于常年生活在乡村，他的作品常取材于真实的农民生活，具有乡土气息，带着浓厚的民族色彩。

鲁迅先生曾经说过："现在的文学也一样，有地方色彩的，倒容易成为世界的。"事实也正是这样——只有真正传承了民族优秀文化传统，具备丰厚民族文化底蕴的作品，才更具有自己的特色，令人折服。

他的现实性与体现农民生活的宗旨造就了他作品的独一无二。我们说西兰帕是革命的文学家，正因为他是芬兰历史的一面镜子，折射出了最真实的镜像。你看到的是一个纯粹的芬兰。哪怕穿越时间的长河，他也要展示一个最真实的历史给你看。

另外，对田园风光的描写也是西兰帕小说的一大亮点。芬兰自然风光的绚丽风姿每每展现在他的字里行间，充满浓郁的芬兰气息，好似一幅幅静谧而又美妙的画卷，描绘出一个我们从来不曾想象到的"千湖之国"。湛蓝的湖泊、郁郁葱葱的森林、冰雪包裹的山村、质朴善良的人民和那极具特色的风土人情。

我们曾无数次幻想过的美丽的芬兰，缓缓盛开在他的笔下，架构起一个你从未见过的世界。

请，开始我们的旅程吧。

Chapter 1

第一章　早年生活

1. 农民的儿子

1888年9月16日,芬兰南部海曼屈莱地区的老西兰帕一家迎来了他们最小的儿子的诞生。这个漂亮的小男孩有着大大的蓝眼睛,小小的脑袋不停地转来转去,好奇地打量着这个一贫如洗的家。他就是弗兰斯·埃米尔·西兰帕。此时那位大字不识一个的农民父亲,绝没料到他的儿子日后会成为震惊世界文坛的著名作家。

老西兰帕一家都是租种土地的佃农,刚搬到这个地区时曾受到当地居民的各种刁难。大伙儿对他们夫妻俩很抵触,不仅嘲笑他们,连分给他们的土地都是最贫瘠的,这使他们的生活更加艰辛,难以为继。当西兰帕降生到这人间时,他的家庭生存环境,并没有给他呈现出玫瑰一样艳丽的色彩。他的家里十分贫穷,缺吃,少穿,越来越多的孩子成了这个家庭的主要负担。

事实上,当时所有芬兰人的日子都不太好过:芬兰在历史上就是一个多灾多难的国家。她没有独立的主权,长期遭受着外来民族的统治和压迫。

芬兰曾经是瑞典王国的殖民地,在那个时候,芬兰的孩子们从小都必须要学习瑞典语——它被做为教育的一部分强制地推行下去。

1809年，瑞、俄战争爆发，瑞典战败，继而把芬兰割让给沙俄。从此，芬兰就成了沙皇的大公国。不过，这丝毫没有改善芬兰人民悲惨的生活状况，社会两极分化明显，贫富差距不断加大：富人们过着衣食无忧的日子，穷人们却总是吃了上顿没有下顿，生活没有着落。

这种明显的贫富等级差异，在一定程度上恶化了社会关系，加剧了人们对现状的不满。经济基础决定上层建筑。在人民大众生活在水深火热之时，芬兰的整个社会状况都令人担忧。

在西兰帕刚刚出生的时候，芬兰还是个典型的农业国。这个国家不仅严格遵守着等级森严的封建制度，在农业技术上也远远落后于欧洲其他国家。不仅如此，芬兰国内的可耕种面积少得可怜，仅占全部国土面积的8%。除此之外，就是大面积的森林、湖泊和岛屿。在这种情况下，更显得粮食来之不易。

所以在芬兰，农民是一个庞大的阶层。数以千计的人们每天辛辛苦苦耕种收割、靠天吃饭。如果天气好，收成不错，大家的生活就会好过些。要是哪一年，天气恶劣，大人孩子就都要勒紧裤腰带了。

西兰帕的父母人身是自由的，不像俄国农奴制下的奴隶那样终日受到非人的折磨，但是在整个封建专制的压迫下，再加上连年的战争、遍地的饥荒，他们一家始终生活在水深火热之中——无论社会怎么变换，时代如何变迁，社会的重任总是层层压在普通民众的身上，受苦受难的只有穷苦老百姓。

因为长期吃不饱穿不暖，老西兰帕夫妇的几个孩子都先后夭折了。他们老两口每天在田地中从早忙到晚忙碌，却连维持基本的温饱都做不到。孩子们由于长期严重的营养不良，长得又瘦又小，眼窝深深地陷下去，到后来连睁眼看看这个冷酷的世界都做不到了。想到一个又一个孩子瞬间长眠于冰冷的地下，这对夫妻的心都要碎了。他们暗暗下定决心，无论如何也要把这个仅剩的孩子抚养成人，让他好好看一看这世间的美好。也许真的是老天庇佑，也许是这个孩子感受到了父母殷切的爱子之情，他挣扎着活了下来。

俗话说："穷人的孩子早当家。"西兰帕从懂事开始就帮父母做一些力所能及的家务活，比如：给忙碌的父母端茶倒水，为劳碌了一天的父亲捶背，或是背起背篓和小伙伴们去捡别人地里收割剩下的作物。他们经常到很远的地方去，运气好的话能捡到一些麦穗。西兰帕把它们扎成一捆，背不动就系上绳子在地上拖着。一群人嘻嘻哈哈，边玩边朝家走。

更多的时候，他们走了很远也捡不到什么。于是，大伙就去采果子，把树上摘得光秃秃的；或者比谁爬得高、跑得快。西兰帕个子矮小，跑一会儿就气喘吁吁。但是，他爬树却很厉害，总是爬得又高又快。太阳快要落山的时候，孩子们就飞奔回家，此时父母总是在家里做好了香喷喷的饭菜等着他们回去。

西兰帕六七岁就会砍柴了,他把砍的柴捆成一捆一捆,摞在院子里,码得整整齐齐,几乎让人舍不得烧。

村里的人都非常喜欢勤快的西兰帕,尤其是大胡子的卡尔先生。卡尔先生也是海曼屈莱的佃农,不过他一家的生活要稍微好一些。他家生了五个孩子,活下来三个——这在当地已经很不容易了。卡尔先生闲着的时候常常去打猎,西兰帕也跟着一起去。一到打猎的时候,这个小家伙总是非常的兴奋,欢快地跑来跑去。

卡尔先生尤其喜欢和别人一起去猎麋鹿。在西兰帕看来,这可是最刺激、最威风的事。森林里的麋鹿长着发达的悬蹄,行走奔跑时带有响亮的磕碰声,猎狗只要竖起耳朵一听,就狂吠着奔过去。成年的雄性麋鹿重达200公斤,不过很狡猾,不容易被逮到;比较容易猎到的是雌鹿和小鹿。通常,只要几个猎人一出马,就能满载而归。

每逢卡尔先生收获了猎物,总要分一点给西兰帕:有时候是一小只兔腿,有时候是几个鹌鹑蛋或者几条小鱼。西兰帕总是小心翼翼地把食物装进随身携带的布袋,满意地拍拍。他想带回家让妈妈煎个香喷喷的肉饼,又可以改善一下全家的伙食啦!他的大眼睛眨呀眨的,仿佛已经看到肉饼在炉子上滋滋地冒着热气。

除了卡尔先生,西兰帕还有一个非常要好的伙伴,那就是汉克斯。

那个长着一头卷发的小男孩,稍微有些腼腆,不过他一

跟西兰帕碰到一起,就总有说不完的话。

汉克斯就住在离西兰帕家不远的地方。不过,他可不像西兰帕有个温暖的家:汉克斯从小就没有妈妈,是祖母含辛茹苦把他抚养大的。在汉克斯小的时候,祖母每天晚上都抱着他,温柔地讲很多很多好听的故事。汉克斯喜欢极了,总是缠着祖母讲了又讲,耍赖皮不肯上床睡觉。

那似乎是汉克斯生命里最安逸、最美好的一段时光了。祖母非常疼爱他。虽然家里穷得都快揭不开锅了,但她总是想尽办法让他穿得干干净净,有热热的饭菜吃。后来,随着汉克斯一天天长大,祖母逐渐地衰老,她开始在缝衣服的时候不能顺利地把线引到针眼里,分不清自己家和别人家的衣具;再后来,她连行动都非常迟缓了。

祖母过世之后,汉克斯就跟爸爸相依为命。汉克斯的爸爸是一个酒鬼,经常喝得烂醉,有时还和别人打架。每到父亲喝醉的时候,汉克斯就不愿意回家——他不知道怎么面对那个空荡荡的房子和醉得好似一摊烂泥的人。此时,他要么躲得远远的,要么就到西兰帕的家里来。

西兰帕其实并不懂这些复杂的事情,他只知道汉克斯来了之后，就有人陪他玩了。他们一起吃饭，一起洗澡，然后躺在阁楼的小床上唧唧喳喳地说话……

以上这些，构成了西兰帕幼年的生活情景。总的来说，做为农民的儿子，幼小的西兰帕虽然过着艰苦的生活，但也不乏快乐。

2. 童年的友谊

如果说童年的西兰帕对于友谊还只是朦朦胧胧的认识，可在后来的某一天，他真正懂得了友谊的珍贵。

人生就是这样，在你不知道的时候，总会有意想不到的事情发生。要到那个时候，你才会深切感受到友谊的温暖。在你最彷徨无助的时候，一直陪在身边不离不弃的，那才是真正的朋友。值得你以一生相托。

西兰帕的家乡虽然贫瘠，却非常美丽，在不同的季节里，景色迥然不同。

夏秋季节，当四周巍巍的群山和西部辽阔的森林披上绿装的时候，海曼屈莱地区天高气爽，景色十分绮丽。

从天顶方向往下看，沿山起伏的树木就象是铺上一层厚厚的绿色的绒毯，那五彩缤纷的野花，把绿色的绒毯点缀得如锦似缎，农田虽然为数不多，可麦浪翻滚，长势喜人；而在寒冷的冬季,当寒流到来的时候,四周群山和树林先是变得一片枯黄,最后还要披上一层厚厚的银装。

在一个晴朗的夏天,西兰帕随汉克斯到野外玩耍。

这是这对小伙伴最喜欢做的事。他们一有空就跑出去玩。说起来,他们还有一个别人不知道的秘密基地呢。

这是一片低矮的丘陵,风景宜人,空气清新。附近就是卡尔先生经常打猎的森林。森林的另一侧,还有一个美丽的小湖泊。

芬兰号称"千湖之国",湖泊非常众多,而且湖水澄澈,景色宜人。尤其是在万物生机勃勃的夏天,一切都洋溢着生命的热情和喜悦。

清晨的时候,汉克斯带着小西兰帕跑到原野上去迎接日出。那里有他们喜欢的野花野草散发出来的芳香,初升的太阳。穿过树林的那些斑驳的光影都让他们欣喜不已。

他们在林中奔跑,一起在树林间静听天籁之音,聆听着树林中虫鸣鸟语,还有风过后树木的窃窃私语,这些大自然的赐予,在两个幼小的孩子眼里,是那么的神奇和充满乐趣。

偶尔他们还会发现一些面貌丑陋、长相古怪的大虫子,胆子大点的汉克斯往往会把这些虫子说得极其恐怖和危险,让胆小的西兰帕吓得浑身哆嗦。

当然,西兰帕不是傻子,时间长了,他也知道这是汉克斯在故意吓唬他呢,也许是见多不怪吧,以后他再见了这些丑陋的小家伙,虽然不会主动上去招惹它们,但也不会害怕得那么厉害了。

在树林中心偏西的山坡上，静静的坐落着一栋不起眼的小木屋，这是当地的猎人们用来打猎中途歇息的场所，有时他们也会把一次带不回家的猎物临时放置在这里。这是唯一一座位于森林中的"宫殿"，完全按照当地民居风格修建而成。原木结构和芦苇房顶使之与周边环境融为一体，高高的木桩和墙上的兽皮显示出北欧独有的粗犷风格。

木屋的屋顶、墙缝里长出稀稀落落的芦苇，探身进去，只见一张年代久远的都快要长出蘑菇的木桌子，突然屋角扑啦啦地飞出一只鸟儿，熟门熟路地径直从窗口腾出，渐渐缩小成天地间的黑点。

从木屋屋顶可以直接眺望他们的村庄，向西北方向步行一刻钟就可以到达小湖边。那碧波粼粼，水天一色的宁静小湖，好似一泓玻璃琼浆在轻轻荡漾。村里孩子们放暑假的时候，便经常来湖边钓鱼。

而到了冬季，每年11月份过后，小湖便开始结冰，碧澄平静的湖面，一片冰封玉砌，银装素裹，就像一面巨大的宝镜，在冬日的阳光下熠熠闪亮，放射出夺目的光辉。那时候猎人们就在冰面钻孔捕鱼，水下的傻鱼儿，因为缺氧，在阳光或灯光的诱惑下便自动跳出冰孔，为村里的大小孩子们补充营养做出了不可磨灭的贡献。

西兰帕因为年纪还小的缘故，被母亲告诫不许上小湖边玩，汉克斯就不一样了，他不但年龄稍大一点，识水性会游泳，再说家里也没什么人管束他，所以常常来这里钓点小鱼小虾什么的回家改善伙食。小西兰帕也没少跟着沾光，每逢汉克斯打牙祭的时候，西兰帕往往也能喝上一碗小鱼汤。

白吃白喝次数多了，西兰帕也觉得有些不好意思，今天汉克斯稍一诱惑，流着口水的小西兰帕就全然忘却了母亲的警告，带上水桶和钓竿，紧随着汉克斯来到了湖边。

汉克斯干这些活早已经是轻车熟路，他在鱼钩上挂上虫饵后，便坐在湖边静悄悄地一动不动。

钓鱼是一种考验耐性的活动，只要一竿在手，再性情暴躁的小伙子也必须"静如处子"，否则是不会有多少收获的。

在汉克斯的细心教导下，时间长了，西兰帕对此也有了些心得，但他毕竟还是个孩子，在水桶里有了几条小小的战利品以后，他便又坐不住了：先是屁股来回扭动，接着就开始向水里扔石头，这种恶劣行径自然很快招来了汉克斯的怒目而视；最后，西兰帕终于按捺不住，脱了衣服下到浅水区玩水，不停地拍打出漫天水花。

可能是因为水温偏冷，西兰帕下水前准备活动也不充分，不一会儿，西兰帕突然感到小腿肚子突然一阵痉挛性疼痛，他只来得及叫了声"汉克斯"，就一下跌坐在水中。

其实西兰帕玩耍处水不并深，可他终还是身高有限，原本停在腰际的水线刹那间封住了口鼻，令措手不及的西兰帕呛咳不止。

眼见西兰帕陷入了巨大的危险当中,汉克斯尽管也是第一次遇到有人溺水,有些惊慌,可他毫不犹豫地冲入湖水里,一把揪住西兰帕的头发,使出全身气力把他拖上了岸边,这时西兰帕已经灌了很多水,小肚子鼓鼓的,汉克斯把他翻过身来,让西兰帕头朝下趴好,手按在腹部并上提腰部,不停用力敲打后背,使西兰帕把腹内呛水吐出来。

由于落水时间短,西兰帕只是嘴唇微微青紫,控完水咳嗽了几声也就没事了,两人惊魂未定地彼此注视着对方,久久没有说话。

沉默了许久,汉克斯才道:"走吧,我们回家。以后我可不敢再带你来这了!"

很多很多年以后,当西兰帕回忆起这件事情时,他叹息道:"在那个危险时刻,如果没有汉克斯,也就没有以后的西兰帕了!"

3. 苦难中成长

时间过得飞快,一眨眼,西兰帕就到了要上学的年龄。当时,芬兰虽然实行义务教育制,但穷人家的孩子,能上得起学的还是很少,一般都是早早地去工厂做工养家,要不就去大城市讨生活,给富人们做家佣,或者做些别的事来维持生计。

但是,西兰帕的父母却不愿唯一的儿子日后也做卑微的佃农。他们决定让西兰帕去上学,自己省吃俭用,也要供他读书,希望以此来改变他的命运。他们并不奢望这个儿子以后成为名人或者富豪,只是希望他以后不再饿肚子,什么时候都能把腰杆挺得直直的。

上学的那天,西兰帕起了个大早。爸爸给他洗了澡,换上一身干净的衣服,又把衣角的褶皱一一抚平。细心的妈妈特意做了一个新书包,缝了三层口袋。这样不仅可以装书本和文具,还能装下西兰帕的便当盒。

收拾妥当后,西兰帕背起新书包,昂首阔步地朝着学校走去。来到学校时,学校里已经熙熙攘攘,到处都是第一天来上课的孩子们和陪同的家长。有位戴眼镜的老师拿着一份名单,大声地挨个儿喊他们的名字,然后根据名单把孩子们分到不同的班级。刚开始念到的名字都非常陌生,似乎都是来自别的村子的孩子。西兰帕奋力地朝人群里挤了挤,好听清楚老师报的每一个名字,看有没有海曼屈莱的小伙伴。

突然,他听到一个熟悉的名字——汉克斯。西兰帕激动得小脸发红,使劲地踮起脚尖,大声喊着汉克斯的名字。听到喊声,汉克斯立即回过头来。当看到被人群挤得跌跌撞撞的西兰帕时,他跳了起来,冲着西兰帕使劲儿地挥手。人群中立刻发出善意的哄笑声。老师拍了拍汉克斯的脑袋,领着他出去了。

很快就念到了西兰帕的名字,他被带到一间宽敞明亮的教室——教室里已经有好几个小朋友了。不过,汉克斯并不在这里,看来是被分到了别的班。西兰帕看到同学们已经坐了下来,便也赶忙找个位置坐下来,学着别人把书包放在脚边。孩子们小声而又热闹地说着话。西兰帕也想加入到他们中间,不过又觉得有些不好意思。同学们互相好奇地打量着,一切都充满了新鲜感。

刚刚在外面念名字的老师走了进来。这是位男老师,身材高大,皮肤不像西兰帕周围的人那么白,而是带点浅褐色。他的颧骨很高,人瘦瘦的,戴着眼镜,留着非常有特点的胡子,每当他说话的时候,胡子总是随着嘴巴的动作一翘一翘的,特别好玩。

这位老师很和善地开始了自我介绍,他叫詹姆斯,是一

年级的数学老师,孩子们有什么不明白的地方都可以问他。然后,他给大家安排了一个活动:请孩子们互相做自我介绍,要尽可能大声地说出自己的名字、住址和感兴趣的事情。

对于当时活动的情景,西兰帕多年以后仍然记忆犹新:

最先站起来的是一个短发小女生,亚麻色的头发非常有光泽,衬得她的脸小小的。她的声音有些尖细,显得很紧张。詹姆斯老师带头给她鼓掌打气。她含羞地笑了笑,扭捏地说,她叫杰茜,外祖母把她的头发剪得太短了,大家千万不要误以为她是个男孩子。

大家哄地一下笑了。杰茜的脸更红了,头低下去,几乎要埋到怀里——她肯定不知道,她虽然年龄还小,但是长相十分秀气,一眼就能看出性别,所以无论如何都不会被人认错的。

接下来,孩子们一个一个地介绍自己。有个叫乔治的小男孩,头发很卷,长得胖胖的,说话有点结巴,吐字不太清楚。同学们都笑话他。他不好意思地一直用手摸着后脑勺,跟着大家一起傻乐。孩子们笑得更欢畅了,连詹姆斯老师都没忍住。

轮到西兰帕了。他站起来,小手指不停地绞着衣角。他顿了一下,用尽量大的声音说:"我是弗兰斯·埃米尔·西兰帕,来自海曼屈莱。"然后飞快地坐下。孩子们又是一阵哄堂大笑。

到了中午,同学们纷纷去领午餐。学校里的午餐好吃又有营养，而且是免费的。妈妈不知道学校里平时都吃什么，怕西兰帕吃不好，于是就给他多准备了一个卡累利阿馅饼。这可是西兰帕的最爱，他连忙咬下一大口，又舍不得立即吃下去，于是慢慢地嚼着，仔细品尝馅饼的美味。

西兰帕发现今天的馅饼尤其好吃，原来妈妈特意在里面多加了黄油，又打了一个鸡蛋。西兰帕满意极了——平时妈妈可是只在节日里才舍得打鸡蛋的。

这时候，乔治凑了过来，他给西兰帕看他的小口袋，里面装了几个大大的风车酥饼。孩子们都很喜欢这种酥酥脆脆、一碰就"唰唰"掉渣儿的酥皮点心。大家一人掰一块儿，很快就把它们全消灭光了。酥皮掉在衣服上，他们的手上嘴角也都有，大伙看看对方狼狈的样子，哈哈大笑起来。

午餐之后是学校安排的自主教育活动时间。在这段时间里做什么，本来应该是由孩子们自己来安排的。不过，因为大家都刚进校，还不熟悉环境，所以你看看我、我看看你，显得不知所措。詹姆斯老师把孩子们带到校园里，让大家在草坪上围坐在一起，请每个人讲一讲对新班级的想法。

孩子们一开始不知道如何表达自己的意思，讲得断断续续。过了一会儿，他们明显地放松了许多，于是你一言我一语，说得热闹极了。詹姆斯老师耐心地听着，当他听到西兰帕从前经常去打猎时，表现出了浓厚的兴趣。他问西兰帕都打到过什么。西兰帕就如数家珍地把卡尔先生的猎物一一列举出来：卡尔先生的猎物可多了，尤其是到了夏末秋初，他能猎到许多的野鸭、野兔和貂鼠。

孩子们听了都很羡慕，争先恐后地说令自己得意的事。有的孩子性格外向，唧唧喳喳地说个不停，谁的话都要接上几句。

詹姆斯老师看看时间差不多了，就叫大家去休息一会儿，然后再回来上课。

学校规定，一二年级的小学生没有家庭作业。于是，孩子们每天吃吃、玩玩、上课，过得十分轻松愉快。学校的午餐每个星期都会有所变化。每到周一，学校就给孩子们发一份新的菜单，让他们带回家给父母看。妈妈知道学校里的午餐很好之后，就不再特地给西兰帕另准备食物了。不过每天上学前，妈妈还是要塞点东西给他——有时候是一把花生米，有时候是一些煮好的玉米粒。

西兰帕每天放学之后，照旧回家做些家务活，他除了帮父亲吆喝着耕牛种地，去地里背庄稼，还经常上山砍柴采野果，给贫困的家添补收入……因而，他常常受到村里人的夸奖。

在冬季到来之前，西兰帕和大人们一样，忧心忡忡地要为冬天的到来做好准备。芬兰的冬天非常漫长，气候十分糟糕：受地理位置的限制，芬兰从11月至来年的2月白天时间非常短，常常是11点才天亮，然后下午3点天就全黑了，什么都做不了。湖面上也结起厚厚的冰层，动物们纷纷寻找舒适的地方冬眠，庄稼地里什么都不会剩下，连柴火都不好找。这种寒冷的天气要持续好几个月,人们必须储存好充足的粮食和柴火。不然,一家人蜷缩在寒冷潮湿的房间里饿肚子可不是闹着玩的。

二年级开学的时候,西兰帕去了别的班级。在芬兰,小学生每个年级都要重新分班,并换新的老师。这样做是为了从小就培养孩子们快速融入新集体的能力和良好的沟通交际能力,并尽可能地保证教育资源的均等化。比如说,如果今年的瑞典语老师不够好或者不够负责任,那也没关系,反正不久就会换新老师的。家长们从来都不过问学校里分班和换老师的事情。

西兰帕跟乔治分开了,也没有跟汉克斯一个班。不过这没有什么,他不再是刚上学时那个腼腆的小孩了。在学校的一年时间里,他变得开朗大方,乐于向新同学介绍自己。孩子们总是能迅速地打成一片。西兰帕跟新同学一起玩、做活动、下课后分点心吃,交了很多好朋友。

等到西兰帕再长大一些,学校里的老师就明显地发现了他不同寻常的一面。这个孩子不仅天资聪颖,而且勤奋好学。老师们都明白原因何在:他们每年都会遇到很多像西兰帕这种家庭困苦的学生,他们比一般的孩子要懂事一些,也更早熟。当然,相对应的,自尊心也更强。

事实上,西兰帕从未觉得他跟别人有什么不同。他身边的小朋友都跟他一样:早上背着书包去上课,傍晚回家做农活。所有海曼屈莱的孩子过的都是这样的童年。他并不知道什么是辛苦，反而觉得很快乐。学校里的生活充实而又丰富，这是他以前从未体会过的。

更重要的是，老师带给他的，是一个他从没想过的新奇的世界，是一种完全不同的生活体验，是一个走出海曼屈莱的梦想和希望。外面的世界很大很美丽，等他长大了，他一定要跟汉克斯一起，出去闯一闯。

小小的西兰帕，此时已经不满足于身边的一事一物，还对外面的世界有一种荒漠渴盼清泉般的向往。可是要想了解外面，当时没有其他途径，只有读各种各样的书。

于是，西兰帕就对各种各样的书产生了强烈的兴趣，如饥似渴地读个没完。

课本，西兰帕看几遍就罢手，却专爱一晚上一晚上地熬油点灯读课外书，这也许是他平时学习成绩一般，但考分比较高的一个原因吧。

时间一晃又过去了好几年，孩子们很快就要小学毕业了。学校每年都会为孩子们举办隆重的毕业典礼，今年当然也不例外。

家长们都收到了制作精美的邀请函，希望他们来参加孩子们的毕业典礼。到了毕业的那天，西兰帕的父母还特意洗了个澡，换了身干净衣裳。对于一辈子面朝土地背朝天的他们来说，学校可是个神圣又庄严的地方，他们看到老师还有些敬畏。

大家被带到教学楼旁边的大礼堂，一进门就看到讲桌下面放满了刚摘来的鲜花和蒿草，看得出是学校精心布置过的。老师和孩子们都准备就绪，就等家长坐下了。

毕业典礼准时开始，主持典礼的是他们的校长助理。他刚刚来到这所学校，第一次主持这样的典礼，看起来似乎比要毕业的孩子们还激动。然后就是校长简短的讲话。在这之后，众人期盼已久的时刻终于来临了，校长大声地宣布毕业学生名单，并挨个发放毕业证书。最后让所有毕业生全体起立面向家长，让家长来检验他们的教育成果。

老西兰帕夫妇一眼就看到了他们的儿子。他们站起来激动地鼓掌，手心都拍红了也不知道。还有的家长高声喊叫着，表示对孩子们的祝贺和鼓励。校长亲自把毕业证书发给每个学生。接着，家长领着孩子与校长和任课老师上台照相留念。

在这之后，每个班级都会举行一个小小的欢送会。詹姆斯老师弹起了欢快的康特勒琴（一种传统的五弦竖琴），孩子们围在一起唱歌跳舞，不会跳舞的人就跟着节奏伸伸胳膊伸伸腿，大家玩得不亦乐乎。

不过，大人们的高兴劲却很快过去了。今年的天气尤其坏，常常是倾盆大雨下个不停。有时一旦下起雨来，就仿佛没有尽头，风追着雨，雨赶着风，风和雨联合起来追赶着天上的乌云，从房檐上流下来的雨水在街道上汇集成一条条小溪，整个天地都处在雨水之中。

种子全都沤烂在地里，看来庄稼又要歉收了。人们唉声叹气、心灰意冷。大人们的生活还好应付些,就是不知道怎么填饱孩子们的肚皮。

西兰帕和小伙伴们也不怎么出去玩了,而是想着法儿地储存点粮食。爸爸不干活的时候就尽量减少活动,这样不会很快的觉得饿。妈妈数着米粒做饭,一天只吃两顿,勉强维持一家人的生活。村民们都好不到哪儿去,还有的家庭,盐水煮萝卜也吃不起,食谱上只有黑面包和野酸菜。常常大人只吃粗粮,把省下来的吃的给孩子补充营养,孩子们毕竟都还正是长身体的时候。

西兰帕家里实际上只有父亲一个全劳力——虽然遭遇了孩子们连连夭折的巨大不幸,可父亲还是一言不发地默默挑起了家庭生活的全副重担;没有他,他们这家人不知还会破落到

什么样的境地呢!

按道理说，一家三口人中，有父亲和母亲两个人劳动，生活是应该能够维持的。但这多少年来，庄稼人苦没少受，可年年下来还是两手空空。全村都穷，家里还能不穷吗？再说，父母亲一辈子老实无能，老根子就已经穷到了骨头里。年年缺钱，一年更比一年穷，而且看来再没有任何好转的指望了……相对于农民们的窘迫，那些大地主们的日子过得就相当滋润了。他们才不管天气如何，收成怎么样，反正租还是照收的。不然，他们才不会善罢甘休。

政府的工作人员挨家挨户地劝说，督促每个孩子都能把学业继续下去。在芬兰，违反义务教育法的父母会受到严厉的指责和法律的制裁。西兰帕透过自己小屋的窗户缝，看到几个穿制服的阿姨跟妈妈在交谈，走的时候还送了两条面包和一些腌好的熏肉。

整个夏天，海曼屈莱的人们都陷入忙碌中，连各家的孩子也是这样：他们想尽各种办法去钓鱼、钓虾、打兔子，把收获来的食物晒干腌好，储存起来；或者到工厂去做零工；有的孩子到很远的富人区去，给他们整理花园、送报，挣些小钱贴补家用。

西兰帕和汉克斯也不例外，他们都去做小工。汉克斯身体结实些，干活也卖力。西兰帕在这方面就差些，他有些瘦小，半天下来就累得气喘吁吁，话都说不出来。每到这个时候，汉克斯就偷偷地过来帮他。

021

西兰帕传

Chapter 1　第一章　早年生活

不过西兰帕可要强了,他要自己完成工厂分配的任务,才不要人帮忙呢。再说,他虽然年纪小,懂得的道理可不少。他知道,无论是谁都不能永远陪着他。人,总是要靠自己的。只有凭借自己的努力得来的才是长久的。

4. 坦佩雷中学

暑假过后,西兰帕和汉克斯接到通知,让他们去坦佩雷中学报到。坦佩雷是一个又大又漂亮的城市,据说仅次于芬兰的首都赫尔辛基。新的老师热情地接待了他们,就像他们刚上小学那会一样,老师对新来的同学总是又温柔又耐心。

然而,新的同学却没有那么好相处。因为长期的营养不良,西兰帕比同龄的孩子要瘦小一些,显得有些弱不禁风。坦佩雷中学不像西兰帕的小学那样:在西兰帕的小学,学生即便不是海曼屈莱的孩子,也是附近村子里的,而且都是穷人家的孩子;这里和小学就不一样了,有很多人家境都不错,甚至还有住在富人区的孩子。

这些家境不错的同学嫌贫爱富,总是看不起西兰帕,频频捉弄他:他们在上课的时候往西兰帕的衣服里放毛毛虫,把他的笔掰断不让他写作业;还在放学后追着西兰帕喊,嘲笑他是佃农的儿子,向他扔石头,叫他滚回自己的泥巴窝里种麦子去。

别看这只是孩子们的话。就是因为都是孩子，伤害才更大，更深刻。同学们的话像刀子一样剜着西兰帕的心。

西兰帕无力回击，经常被弄得满身都是泥浆，身上一块青一块紫。他也不愿意告诉别人发生了什么。他觉得自己很没用，经常一个人躲在没人的角落里，把脸深深地埋进膝盖里哭泣，好像这样就能忘记外面的一切。

慢慢地，汉克斯发现了西兰帕的改变——这个从小跟他一起长大的人变得越来越不爱说话、越来越不愿去上课，集体活动时也总是站得远远的。

汉克斯每次追问西兰帕都遭到他的回绝。越是这样，汉克斯就越觉得奇怪。终于，有个跟西兰帕同班的学生告诉了汉克斯发生了什么事。汉克斯听到西兰帕总是受人欺负，非常气愤。他没有什么亲人，把一起长大的西兰帕看成是自己的亲弟弟一样。于是汉克斯决定给那些"坏人们"一点颜色看看，给西兰帕出出气。

一天傍晚，西兰帕吃过晚饭就没有见到汉克斯。他以为汉克斯又跑出去玩了，就独自一人回了宿舍。他躺在床上，辗转反侧，对新生活感到茫然。他觉得离开家乡的生活跟他当初设想的一点也不一样。

在他来坦佩雷之前，村里的人都告诉他这是一个很大很繁华的城市，什么都很好，人们生活的安详而快乐。在那个时候，他和汉克斯都对未来充满了憧憬。而不是像现在这样，总是受人欺负，日子长的仿佛永远都没有尽头。

过了很久，汉克斯也没有回来。西兰帕手里的书还是刚翻开的那一页，怎么也看不进去。

汉克斯今天太反常了，西兰帕心里隐隐约约地有些不好的感觉。

这时，突然有人大力地敲门。他慌忙打开门，一个同学上气不接下气地说，汉克斯在学校后面的小树林跟人打架，被老师抓住了。西兰帕吓了一大跳，抓起外套跟着他冲出门去。等西兰帕跑到小树林，那里已经被看热闹的学生围了个水泄不通。他连忙抓住一个人问到底是怎么回事。

围观的同学们七嘴八舌地说了起来，西兰帕这才明白：原来学校的保安交班前出来巡逻，远远地看见小树林里似乎有人打架。这个保安起初以为是校外的小混混们，就没有在意，因为经常有别的学校的学生跑到很远的地方打架，为的就是避开本校的老师。谁知道走近一看，才发现这些孩子都戴着坦佩雷中学的校徽，就连忙上前制止，并在第一时间通知了学校。

值班的卡洛斯老师迅速赶了过来。他听说学校里有人打架，惊讶极了。他在坦佩雷中学多年，很少发生这样的事——现在的孩子可真是越来越胆大了。

西兰帕奋力地朝人群中间挤，一边说着"不好意思"、"对不起"，一边踩过无数只脚。他一眼就看到了狼狈不堪的汉克斯：汉克斯脸上挂了彩，衣服被扯得不成样子，还滚了一身的泥巴。他用手指按着嘴角的伤口，防止它流血，然后歪着头狠狠地瞪着对面的人。

西兰帕这才发现，跟汉克斯动手的正是平日里经常欺负他的那些人。别人不了解汉克斯的脾气，西兰帕可是再了解不过了。西兰帕明白，汉克斯这是要给他撑腰，煞煞那些人的威风。他又感动又担忧：汉克斯太冲动了，他们才刚来到坦佩雷中学，不知道老师会怎么处理打架的学生。

卡洛斯是出了名的纪律严明的老师，这里的学生都有些怕他。西兰帕非常担心汉克斯会受到严惩。他偷偷地找到卡洛斯老师，详细地向他解释了这件事的缘由，并恳请他不要处罚汉克斯。西兰帕说着说着，露出了非常伤心的神色。他实在是不明白，明明是他受了委屈，汉克斯只是想帮他讨个公道，而且汉克斯也挨了不少打，怎么能不分青红皂白就一起处理呢？

卡洛斯老师显得有些犹豫。事实上，学校很重视这件事：在坦佩雷中学，低年级的学生在学校里打架斗殴是非常少见的，这引起了很多家长的关注。他们决定低调地严肃处理这件事，不能让这些孩子再这么无法无天下去。

卡洛斯老师知道西兰帕说的是实话，他也听说有些学生总是仗势欺人，但是校长坚决要求他给出处理意见。他很快就要放大假了，所以不想在这件小事上多做纠缠。最后，汉克斯还是被记了过。

这个结果，汉克斯并不在意。他根本就不喜欢上学。在他看来，上学是天底下最无趣的事情。他从来不耐烦做那么多的算术、背永远也背不完的语法。要不是他现在还小，不能去工厂上班，他才不愿意到学校里来呢。

可是西兰帕并不这样想。他觉得是他害得汉克斯被惩罚。要是他生在富裕的家庭，要是他的父母受人尊重，他就不会走到哪都被人嘲笑了。西兰帕仿佛一瞬间长大了许多。他开始意识到自己与别人之间的差别。无论走到哪，他都觉得人们在他背后指指点点，笑话他穷，说他没用。

上天并没有因为他生来贫穷就多补偿他一些，反而降给他加倍的苦难。他不禁埋怨上天：为什么人生来就这样的不平等？他变得越来越沉默，到后来，连上课回答问题都非常不情愿，变成纯粹的敷衍。

卡洛斯老师注意到了这个现象。他不得不承认在处理汉克斯这件事上他太过于草率了。卡洛斯老师一直在思考如何帮助这个海曼屈莱的孩子。他觉得，这个孩子有些自卑，多给他一些鼓励也许会有效果。事实上，他的确那样做了。

卡洛斯老师开始有意地在班里讲农业对芬兰的重要性。他告诉孩子们：在芬兰，农业可是撑起芬兰的支柱。集体活动的时候，他让西兰帕告诉孩子们种子是怎么被种到地里，然后收获成粮食的。西兰帕开始时很不愿意开口，他觉得同学们一定会嘲笑他，而且似乎已经听到了人们讽刺的声音。卡洛斯老师一直站在他的身边，耐心地鼓励他。西兰帕决定讲一讲他跟卡尔叔叔打兔子猎麋鹿的故事。

同学们听得认真极了——做为城市里长大的孩子，他们从来不知道，原来生活中还有这么好玩的事情。大伙缠着西兰帕讲了又讲，非要让他带大家去打猎——他们一定要看看兔子是怎么被猎到的。

卡洛斯老师很满意这样的结果，他还送了很多书给西兰帕，鼓励他多看书、多学习，靠自己的努力改变现状，除了他自己，谁都不能永远地帮助和陪伴他。

慢慢地，从前那个开朗聪明的西兰帕又回来了。同学们也渐渐意识到他的与众不同：西兰帕反应敏捷，喜爱阅读，知识广博，作业总是做得又快又好，而且不骄傲，同学们问他什么问题，他都解释得非常有耐心，更不会嘲笑别人的家境。而且，到了夏天的时候，他信守承诺，真的带大家去田野里打兔子了。

同学们越来越喜欢他，他们渐渐称呼他为"我们的西兰帕"，开始喊西兰帕一起去春游、打球、做功课，还从家里带好吃的点心给他，做什么事都不忘叫上西兰帕。年少时的友谊就是那么简单：因为你已经是我的朋友，所以你的一切，我都乐于接受。

朋友们虽然这样想，西兰帕却从来不敢忘记他是从海曼屈莱出来的人。他暗暗地立下誓言：总有一天，他要让农民的儿子成为一种令人骄傲的称呼。

5. 初识《牛虻》

有一天,西兰帕发现卡洛斯老师给了他一本厚书,名字叫《牛虻》(1897年英国出版),起先他没在意——一本介绍昆虫的书有什么意思呢?

他随便翻了翻,又觉得不对劲。明明是一本介绍昆虫牛虻的书,可里面却不提任何小虫子,说的全是一个叫亚瑟·勃尔顿的意大利人的长长短短。他突然对这本奇怪的书产生了强烈的好奇心。他想看看这本书究竟是怎么回事。

他就拿着这本书匆匆地回到家里,立刻看起来。他一下子就被这书迷住了。记得第二天是星期天,本来往常他都要上山给家里砍一捆柴;可是这天他哪里也没去,一个人躲在村子打麦场的麦秸垛后面,忘记了所有的一切,全神贯注地沉浸在了亚瑟·勃尔顿的世界里……

六月里一个炎热的傍晚,所有的窗户都敞开着,大学生亚瑟·勃尔顿正在比萨神学院的图书馆里翻查一大叠讲道稿。院长蒙太尼里神甫慈爱地注视着他。

亚瑟出生在意大利的一个英国富商勃尔顿家中,名义上他是勃尔顿与后妻所生,但实则是后妻与蒙太尼里的私生子。亚瑟从小在家里受异母兄嫂的歧视,又看到母亲受他们的折磨和侮辱,精神上很不愉快,却始终不知道事情的真相。

亚瑟崇敬蒙太尼里神甫的渊博学识,把他当做良师慈父，以一片赤诚之心回报蒙太尼里对自己的关怀。

当时的意大利正遭到奥地利的侵略，青年意大利党争取民族独立的思想吸引着热血青年。亚瑟决定献身于这项事业。蒙太尼里发现了亚瑟的活动后十分不安，想方设法加以劝阻；但亚瑟觉得做一个虔诚的教徒和一个为意大利独立而奋斗的人是不矛盾的。在一次秘密集会上，亚瑟遇见了少年时的女友琼玛，悄悄地爱上了她。

蒙太尼里调到罗马当了主教，警方的密探卡尔狄成了新的神父。在他的诱骗下，亚瑟在忏悔中透露了他们的行动和战友们的名字，以致他连同战友一起被捕入狱。他们的被捕，连琼玛都以为是亚瑟告的密，在愤怒之下打了他的耳光。亚瑟痛恨自己的幼稚无知，对神甫竟然会出卖自己感到震惊，同时得知蒙太尼里神甫原来是他的生身父亲，他最崇仰尊敬的人居然欺骗了他。这一连串的打击使他陷入极度痛苦之中，几乎要发狂。他一铁锤打碎了心爱的耶稣蒙难像，以示与教会决裂。然后他伪装了自杀的现场，只身流亡到南美洲。

在南美洲，亚瑟度过了人间地狱般的13年。流浪生活磨炼了亚瑟，回到意大利时，他已经是一个坚强、冷酷、老练的"牛虻"了。他受命于玛志尼党揭露教会的骗局。他用辛辣的笔一针见血地指出，以红衣主教蒙太尼里为首的自由派实际上乃是教廷的忠实走狗。牛虻赢得了大家的信任和喜爱。此时，他又遇见了琼玛，但琼玛已认不出他了。

牛虻和他的战友们积极准备着起义。在一次偷运军火的行动中被敌人突然包围，牛虻掩护其他人突围，自己却因为蒙太尼里的突然出现而垂下了手中的枪，不幸被捕。

牛虻的战友们设法营救他，但牛虻身负重伤，晕倒在越狱途中。敌人决定迅速将他处死。前来探望的蒙太尼里企图以父子之情和放弃主教的条件劝他归降；牛虻则动情地诉说了他的悲惨经历，企图打动蒙太尼里，要他在上帝（宗教）与儿子（革命）之间作出抉择。但他们谁都不能放弃自己的信仰。蒙太尼里在牛虻的死刑判决书上签了字，自己也痛苦地发疯致死。

刑场上，牛虻从容不迫，慷慨就义。在狱中给琼玛的一封信里，他写上了他们儿时熟稔的一首小诗：

不管我活着，

还是我死去。

我都是一只，

快乐的牛虻！

亚瑟·勃尔顿，这个普通外国人的故事，强烈地震撼了西兰帕幼小的心灵。天黑以后，西兰帕还没有回家。他一个人呆呆地坐在禾场边上，望着满天的星星，听着小河水朗朗的流水声，陷入了一种说不清楚的思绪之中。这思绪是散乱而飘浮的，又是幽深而莫测的。

他突然感觉到，在他们这群山包围的小村庄外面，有一个辽阔的大世界。而更重要的是，他现在朦胧地意识到，人到底该为什么活着。

在那一瞬间，生活的激情充满了他十六岁的胸膛。他的眼前不时浮现出牛虻瘦削的脸颊和他生机勃勃的身姿。

在西兰帕的脑海里，牛虻并没有死，他那双坚定有力的眼睛，似乎永远蓝莹莹地在遥远的地方兄弟般地望着他。

当然，他也永远不能忘记可爱的琼玛。她真好。她曾经那样地热爱牛虻。西兰帕直到最后也并不恨琼玛。他为牛虻和琼玛的爱情而热泪盈眶。他甚至想：如果他也遇到一个琼玛该多么好啊！

《牛虻》是作者艾捷尔·丽莲·伏尼契受到当时身边革命者的献身精神的激励写成的。它生动地反映了19世纪30年代意大利革命者反对奥地利统治者、争取国家独立统一的斗争，成功地塑造出革命青年牛虻从稚嫩走向成熟的整个成长过程。

而西兰帕在《牛虻》一书中，绝不仅仅是看到了一个饱经忧患、意志坚强、机智勇敢的革命者形象，而是他这一生中第一次真真切切感受到了写作的魅力。

正是这种令人灵魂深处感到震撼的强大魅力，为日后西兰帕走上写作之路，播下了希望的种子。

6. 走出坦佩雷

时间总是过得飞快，西兰帕很快就长成了瘦削英俊的小伙子。他的个头虽然不高，但是常年的劳动让他有着结实匀称的体型，看起来非常好。在坦佩雷中学，他成绩优秀，能力也很强，老师和同学们都非常喜欢他。不过面临即将到来的毕业，成绩优异的西兰帕却有了重重的心事。他反反复复地想了很多遍，不知道怎么做才好，因为到毕业为止，他的义务教育就算全部结束了。也就是说，如果再上学，就要他们家自己付学费了。由于家境贫寒，无力负担高昂的费用，西兰帕的很多同学都无法继续上学，而是选择去工厂做活养家，就连他自己也面临着这样的抉择。

这些年，西兰帕的家庭状况时好时坏，完全是靠老天爷的脸色吃饭：天气好，收成就好；天气要是恶劣，地里就颗粒无收，他们一家只能借钱度日。不过，就算是收成好的时候，他们也没有攒下多少钱。以这样微薄的经济实力来供养一个大学生，难度可想而知。何况西兰帕的父母也已经一天天地老了，又能支持他多久呢？

西兰帕的老师们都明白他的处境。正因为这样，他们更不愿意西兰帕放弃学业。在他们看来，西兰帕是个聪明好学的孩子，他们在自己的职业生涯中很难遇到这么有天赋又自觉的学生。坦佩雷的老师们坚称，西兰帕必须要继续念书。无论如何，他不能把自己送到那些破旧的工厂里，与无休止的重复繁杂的工作为伍，断送自己的大好青春。

大家都觉得，虽然现在看起来，上大学对于这个家庭来说是一个无比艰难的决定，可是只有这样，才能彻底改变西兰帕的命运。

老西兰帕也站在儿子这一边。当然，他看得没有老师透彻，他只是一个再普通不过的疼爱儿子的父亲。在他看来，既然儿子愿意念书，自己现在还能干得动活，那就让儿子再上几年吧。在老人的潜意识里，一直非常崇拜有知识的人。上大学，在老人看来是一件异常神圣的事，在他们的家族里还没有过一个大学生呢。

然而，这却遭到了西兰帕母亲的坚决反对。她觉得：知识学到一定的程度就够了，认识几个字、见点世面、日后不被人骗就可以了，至于上大学，那可是没谱的事儿。就说最简单的事吧，学费从哪来？生活费从哪来？连住宿都要花钱。再说，学了又有什么用啊？啥都没有种地实在。看看汉克斯，已经去工厂当学徒了，每个月可以领不少马克。

每当这个时候，西兰帕都不禁陷入深深的沉默。他知道汉克斯辍学的事。

汉克斯的爸爸在一次醉酒之后，一头跌进河里再也没有爬上来。

因为汉克斯没有其他的亲人，西兰帕的家人和牧师帮忙操办了他父亲的后事。

葬礼办得十分简单——村子里对这个总是酗酒不回家的人本来就没有什么好的印象。汉克斯在父亲墓前待了很久，默不做声。虽然这个人并不是一个合格的父亲，可他总归是汉克斯在这个世上唯一的亲人。而现在，在这个寒冷的世间，就只剩下他一个人孤零零的了。此时此刻，长眠于地下的那个人是汉克斯血脉的源头、生命的来由。一想到他永远不能再张开双眼看看这片天空，汉克斯便陷入深深的悲痛中。

在那几天里，西兰帕一直寸步不离地守着汉克斯。他用力地拍拍汉克斯的肩膀，企图提供一些温暖和力量。他们相伴多年，是朋友，更是不离不弃的亲人。

父亲死后，汉克斯就进了当地的一家工厂。他开始像大人们一样，学会了趿着拖鞋喝啤酒，把烟夹在耳朵后面大声地说话。他从早忙到晚，披星戴月，挣些微薄的血汗钱。

西兰帕为汉克斯难过，这更坚定了他考大学的决心。无论如何，只有知识才能改变自己的命运。他一直记得，在某一个夏夜，小小的他和汉克斯在闪烁的星空下约好，长大了，一起去外面看一看，那时星光闪烁，梦想发出耀眼的光芒。

西兰帕决定，他要带着汉克斯的梦想出去闯一闯。总有一天，他要走出海曼屈莱这片荒芜贫瘠的土地，去亲眼看一看外面的富饶和美好。

西兰帕没日没夜地学习，书看了一遍又一遍，笔记做了一本又一本。他把一切可以利用的时间都花在学习上：早上，别人还沉浸在梦乡里的时候，他已经坐在书桌前奋笔疾书；晚上，别人都休息了，他依然就着昏暗的烛光紧张地复习着。

妈妈终于心软了，她觉得西兰帕真不容易，看书看得人都瘦了。这可是她的儿子啊，她怎么能不支持他呢？让他去工厂也是希望他有个安稳的生活，她所做的一切都是为他好，她甚至愿意用一生去成就他的辉煌，守护他的平安。

考试的前几天，老师们就开始给西兰帕打气。他们详细地检查了西兰帕对每个知识点的掌握情况，考试注意事项更是叮嘱了又叮嘱。大家都明白，这场考试对西兰帕来说意味着什么。他们试图不给西兰帕施加压力，却总忍不住一遍遍地提醒他这一点。到最后，连妈妈的耳朵都快听出茧子来了。她把人们轰出去，不准他们围在西兰帕身边像鸟儿一样唧唧喳喳个不停；然后回到厨房，专心做儿子最爱吃的馅饼。

考试前一天的晚上，西兰帕辗转反侧，难以入眠。他不再回忆书本上的知识，反而想了很多别的事情：海曼屈莱的贫瘠和荒芜、父母和亲朋的殷切期盼，这些并不再像从前那样时刻鞭挞着他的心，而是演化成一种源源不断的动力，成为激励他努力奋斗的力量。在这个时候，他代表的不仅仅是自己，在他身后，还有无数人期盼的目光。

第二天清晨，第一缕曙光照在窗台上，反射出微微的炫目的光。西兰帕一骨碌爬起来，把反复检查过的证件和文具装好。汉克斯陪他一起吃了丰盛的早饭。大伙本来还想送他去考场，不过被西兰帕谢绝了。他俯身拥抱着亲爱的妈妈，心里默念道："我一定会成功的。等我回来吧！"

走进考场的那一刻，西兰帕的心里好似有无数面小鼓在不停地敲。他试着深呼吸，却并不见效。试卷发下来了，摸着那雪白密实的纸，西兰帕突然就镇静下来。他明白，他身后已经没有任何退路，那就干脆勇往直前吧！

分数很快就出来了，西兰帕的分数难以想象的优秀，他激动得有些不知所措。整个村子都为他沸腾了，再也没有哪个母亲教训自家的孩子说"你可千万别像西兰帕家的那小子，光吃不知道养家"了。现在人们都说老西兰帕夫妇教得好，儿子有出息，以后村子里说不定要出个大人物呢。

西兰帕的家人也非常兴奋，大家欢天喜地地庆祝着这件事。

西兰帕的父亲激动得老泪纵横。他一生坎坷，亦没有给妻儿安稳的生活。早年夭折的孩子一直是他们夫妻心中永远的痛。谁能想到呢，老天终究还是眷顾了他们，赐了一个这么懂事争气的孩子。他双手合十，虔诚向天：上帝啊，你要守护我的孩子啊。

得知西兰帕以优异的成绩考入芬兰最高学府赫尔辛基大学，坦佩雷的老师们也为他高兴。老师们拿出自己的心意，他们凑了一些钱，用作西兰帕第一年的学费。

村民们也为西兰帕做了一些力所能及的事情。最积极的就是汉克斯了,他揽着西兰帕的肩膀,骄傲地向人们讲述西兰帕有多努力、多厉害。

总而言之,年轻的西兰帕实践了自己的诺言,他凭借辛勤的努力走出了家乡,奔赴更高远、更辽阔的天地。他的人生迎来了第一次闪耀的转折点,未来在前方欢快地招手,追梦之旅开始了。

7. 追梦赫尔辛基

西兰帕第一次离开家到那么远的地方,从海曼屈莱到赫尔辛基,列车呼啸在茫茫的原野上,仿佛时间也停滞在这一刻,岁月没有尽头,旅途中的一切都新鲜无比。赫尔辛基濒临波罗的海,是芬兰最大的港口城市,也是芬兰的首都,是经济、文化中心。它建立在一个丘陵起伏的半岛上,两岸是美丽如画的海港,并且被几十个岛屿环绕着。

赫尔辛基市内湖泊星罗棋布,周围满是茂密的森林,景色十分迷人。城市内最著名的大街叫满纳汗大道,既是繁华的商业中心,也是优美建筑和文化设施林立的文化中心。而它最著名的建筑群要属位于市中心参议院广场上的赫尔辛基大教堂及其周围淡黄色的新古典主义风格的建筑。

在广场前面,那造型精美、栩栩如生的雕像披风沐雪,向人们展示着它迷人的风韵。

数百级台阶上的赫尔辛基大教堂巍然耸立，气宇非凡。其希腊神殿式的白色柱廊，及醒目的青铜圆顶，高高地耸立在赫尔辛基一望无垠的苍穹下，无论你走在市区的那一个角落，四周皆可望见其独一无二的身影，颇似伦敦的圣保罗教堂。

登上阶梯，眼前的视野便为之开阔起来，大教堂附近的南码头是停泊大型船只的深水港口，亦被誉为"波罗的海上的蓝宝石"。位于南码头北侧的总统府建于1814年，沙俄统治时期是沙皇的行官，1917年芬兰独立后成为总统府。

广场西侧为赫尔新基大学，东侧为帝俄统治时代的参议院。在广场中央，还有一座古埃及式的纪念碑；这座纪念碑是1833年为了纪念俄皇尼古拉一世及其王后访问而建的。一般昵称为"女王之石"。

市集广场在生活步调极悠闲的赫尔辛基，素以干净整洁闻名。就连位于艾斯普那帝大道底端、赫尔新基最大的露天市场，也是找不出丝毫的杂乱与匆忙，一个个小摊位贩卖着花草、家常食物、一般用品、手工艺品等，充满芬兰的生活风情。在阳光明亮的夏天时分，可看到色彩缤纷的小棚子底下，陈列着各式各样的新鲜鱼类、蔬果及鲜花等。

一路走来，西兰帕渐渐爱上了这座伟大的城市，他觉得这是一座古典美与现代文明融为一体的大都市，她既有欧洲古城的浪漫，又充满了时代的气息。

赫尔辛基的城市建筑非常有特色，这是一座都市建筑与自然风光巧妙结合在一起的花园城市。市内建筑多用大块的浅色花岗岩建成，显得高雅大方，因此有人称她为"北方洁白城市"。由于芬兰地处高纬度，在夏季，光照时间长达20个小时，因此赫尔辛基又被称为"太阳不落的都城"。

在大海的衬托下，无论夏日海碧天蓝，还是冬季流冰遍浮，这座港口城市都安静地矗立着，总是显得格外的美丽洁净，被世人赞美为"波罗的海的女儿"。

在赫尔辛基南码头广场一个圆型喷水池中，有一尊名叫"波罗的海的女儿"的铜像，她面向大海，左手托腮，静静地凝望着芬兰湾。她端庄秀丽，温柔娴雅，人们亲切地称她为"波罗的海的女儿——阿曼达"，如同自由女神像是美国的象征一样，阿曼达也是芬兰的象征。

赫尔辛基大学创建于1640年，是斯堪的纳维亚地区最大的高等学府，也是芬兰历史最悠久、规模最宏大的大学。最初创建于芬兰的古都图尔库，名为图尔库大学，1828年才从图尔库迁到赫尔辛基来，随之将原校名图尔库大学改为赫尔辛基大学。

赫尔辛基大学是芬兰最高等的学府之一，它的校旗就是芬兰国旗，由此可见赫尔辛基大学对芬兰整个国家的意义。它以其秀丽古雅的建筑、充裕的藏书、完备的专业、杰出的成就以及悠久的历史，驰名北欧。进校之后，西兰帕选择了自然科学系，攻读生物学和数学，因为他从小就立志当一名优秀的生物学家，从此开始了大学寒窗苦读的生活。他饥渴而贪婪地吸吮于知识世界的百花丛中，跨入了他人生旅途中一个新的驿站。

赫尔辛基大学一贯注重锻炼学生的体质，每天一节的体育课可是雷打不动的，从下午两点一直要到三点半。

这一段时间是打小营养不良的西兰帕最难熬的。每当他跟着同学们长跑或者打球的时候，十分钟一过，就感到两眼冒花，天旋地转，思维完全不存在了，只是吃力而机械地蠕动着两条打颤的腿在体育场上亦步亦趋。

但是对西兰帕来说，这些也许都还能忍受。他现在感到最痛苦的是由于贫困而给自尊心所带来的伤害。他已经十八岁了，胸腔里跳动着一颗敏感而羞怯的心。他渴望穿一身体面的衣裳站在女同学的面前；他希望自己每天排在买饭的队伍里，也能和别人一样领一份普通的伙食。这不仅是为了填饱肚子，而是为了活得有尊严。他并不奢望有城里学生那样优越的条件，只是希望能像大部分乡下来的学生一样就心满意足了。

唉，尽管上大学是如此艰难，但西兰帕内心深处还是有一种说不出的高兴滋味。他现在已经从老家的小村庄来到了一个大世界。对于一个贫困农民的儿子来说，这本身就是一件多么了不起的事啊！

每天，只要学校没什么事，西兰帕就一个人出去在城里的各种地方转：大街小巷，城里城外，角角落落，反正没去过的地方都想去看看。除几个令人敬畏的机关——如总统府、最高法院和警察局外，他连许多政府行政部门的院子里都去转过了——大多是假装替赫尔辛基大学送公文而哄过门房老头进去的。

由于人生地不熟，他也不感到这身旧衣服在公众场所中的寒酸，自由自在地在这个海滨城市的四面八方逛荡。他在这其间获得了无数新奇的印象，甚至觉得弥漫在城市上空的空气闻起来都是别具一格的。

当然，许许多多新的所见所识他都还不能全部理解，但所有的一切无疑都在他的精神上产生了影响。透过城市生活的镜面，他似乎更清楚地看见了他已经生活过十几年的村庄——在那个他所熟悉的古老的世界里，原来许多有意义的东西，现在看起来似乎有点平淡无奇了。

而那里许多本来重要的事物过去他却并没有留心，现在倒突然如此鲜活地来到了他的心间。除了这种漫无目的地转悠，他现在还养成了一种看课外书的习惯。不上课的时候，他也经常在赫尔辛基大学图书馆长时间驻足，消磨着他的青春岁月。

渐渐地，他每天都沉醉在读书中。没事的时候，他就躺在自己的一堆破烂被褥里没完没了地看。就是到学校外面转悠的时候，胳膊窝里也夹着一本，反正美丽的赫尔辛基到处都是公园、绿地、长椅——转悠够了，随便找个僻静地方看书就是了。

随着夏天的临近,气候也渐渐转暖了(芬兰的春季气候到初夏时才明显)。人们惊异地发现,街头和河岸边的柳树不知不觉地抽出了绿丝;桃杏树的枝头也已经缀满了粉红的花蕾。如果留心细看,那向阳山坡的枯草间,已经冒出了一些青草的嫩芽。同时,还有些别的树木的枝条也开始泛出鲜亮的活色,鼓起了青春的苞蕾,像刚开始发育的姑娘一样令人悦目。

时间长了一些,班上同学之间也开始变得熟悉起来。他和农村来的一些较贫困的学生初步建立起了某种友谊关系。

由于他读书多,许多人很爱听他讲书中的故事。这一点使西兰帕非常高兴,觉得自己并不是什么都低人一等。气候变暖,校园里已经桃红柳绿,不冷不热,他的心情也开朗了许多,除了肚子依旧每天只能吃个半饱外,其他方面应该说相当令人满意了。

8. 与艾丽克斯相爱

西兰帕的大学生活就是这样痛苦而又快乐着。在一次做实验的过程中,西兰帕认识了一位活泼可爱的女同学。她叫艾丽克斯,跟西兰帕同班。只不过她之前因为在忙别的事情,没有参加过集体活动,所以西兰帕之前并没有见过她。艾丽克斯长着一双褐色的大眼睛，长长的睫毛，细嫩的皮肤，苗条的身材，美丽得如同一朵盛开的花朵。

艾丽克斯给西兰帕留下了深刻的印象。海曼屈莱的女孩子们一年四季都是同一个模样，她们穿着哥哥姐姐们留下来的旧衣裳，鼻头被风吹得红通通的，说话像炒豆，走路快如风。西兰帕还是第一次见到这么活泼可爱的少女。回到宿舍，他的脑海中不停地浮现出艾丽克斯的模样。她在做实验时，时不时地把一侧的头发拢到耳后，微微侧着脸。她笑起来的样子十分迷人，仿佛发出淡淡的光，让人不好意思直视却又忍不住偷偷地看。

年轻的西兰帕还没有完全明白他自己懵懂的心。他只是觉得，艾丽克斯的一切似乎都跟别人不太一样。可是，他又说不上来到底是哪里不同。他只觉得，什么事只要跟她有关，就会变得格外吸引人。他也不知道自己是怎么了，经常莫名其妙地叹起气来，整个人都有些惆怅了。

做为刚从农村来的男生，在他们的眼里，城里人的女儿都漂亮得好像是下凡的天使。

当然，十八九岁这般年龄的男女青年还说不上正经八本地谈恋爱，但他们无疑已经浮浅地懂得了这种事，并且正因为刚懂得，因此比那些有过经历的人具有更大的激情。

唉，谁没有经过这样的年龄呢？在这个维特式的骚动不安的年龄里，异性之间任何微小的情感，都可能在一个少年的内心掀起狂风巨浪！

艾丽克斯并不知道这个只有一面之缘的年轻人心里微微酸甜的想法。她对西兰帕并没有太多的印象，只是觉得：他仿佛是一个腼腆的年轻人，他心里似乎有很多想法，只是羞于表达；自己有些问题不是非常明白，也许可以请教他；他看起来是个很有内涵的人。生物系的学生需要经常组队做实验，他们俩很快又见面了。西兰帕这才知道，原来艾丽克斯的父亲是赫尔辛基大学一位非常有名望的生物学教授——怪不得艾丽克斯对生物学这么着迷。那个时候，女孩子上大学是一件很不容易的事，不仅是经济上的问题，更多的是社会观念的阻碍。西兰帕觉得这个女孩子太了不起了。

不知是哪一天，她走过来的时候，看了他一眼。他也看了她一眼。尽管谁也没说话，但实际上说了。人们在生活中常常有一种没有语言的语言。从此以后，这种眼睛的"交谈"就越来越多了。

后来有次做完实验，他们互相留了电话号码和地址，后来就常常一起去实验室。要是做完实验讨论到很晚，就一起去喝杯咖啡。再后来，不去实验室的时候，他们也常常出来，有时候找点别的事做，有时候就什么都不做，只是两个人说说话，要不就安静地坐会儿。西兰帕虽然没有经历过爱情，但他知道自己已经无可救药地爱上了艾丽克斯。他希望能时时刻刻跟她在一起，一分钟都不愿意分开。只要艾丽克斯皱皱眉头，他就立马反省是不是今天哪做得不好。她要是心情好的话，他的世界就也是晴朗无比的。

可是，明了自己心意的西兰帕却有些退缩，他很害怕，怕一切都是他的自作多情，怕她嘲笑他的不自量力，怕她的父母不能接受一个海曼屈莱出来的穷小子。他的勇气和骄傲都不知道跑到哪里去了，只剩下一颗患得患失的忐忑的心。

西兰帕给汉克斯写信，他把自己的矛盾和犹豫一一告诉这个从小与他一起长大的伙伴。西兰帕想，汉克斯懂的也不少，说不定会有意想不到的好主意。可是西兰帕等啊等，一个月过去了，汉克斯依然没有音信。西兰帕不知道是怎么回事，估计镇上的邮差又偷懒了，最近嫌冷没有去村子里送信。

"那就算了！"西兰帕沮丧地想。他已经好几天没有见

到艾丽克斯了。他不知道怎么面对她,只好躲起来。艾丽克斯每次约他出去,都被西兰帕以忙为理由拒绝了。女孩子总是不可思议的敏感,艾丽克斯已经察觉到她跟西兰帕之间出了某些问题。她在一次课后堵住来不及跑掉的西兰帕,问她到底做错了什么,他要这样对待她。

西兰帕被问得哑口无言。他再也受不了内心的挣扎,可是又没有足够的勇气向艾丽克斯表白自己的心迹。他思前想后,写了一封长长的信。在信中,他把自己的心意和犹豫统统说给艾丽克斯。他想,既然他无法做决定,那就要上天看一看艾丽克斯的意思吧。

等待回音的日子是焦虑不安的,每一秒西兰帕都度日如年。他暗暗骂自己懦弱,哪有人在信里表白的啊,这也太没有诚意了。他决定去找艾丽克斯,当面跟她说清楚,哪怕艾丽克斯拒绝他也无所谓。

事实上,艾丽克斯并没有看不起西兰帕的出身。她的家庭虽然富有,但父亲从小就教育她不能以金钱的多寡来衡量人。通过这段时间的接触,她已经看出西兰帕是一个聪明敏锐又积极向上的年轻人。她其实也很心动,可是不知道为什么,西兰帕最近总是躲着她。这个美丽的少女失望极了,以为西兰帕发现了她的心意,又不好意思当面回绝她,这才出此下策。所以,那天她才追问西兰帕她到底做错了什么,可是他竟然一味地沉默,不愿意跟她说话。

艾丽克斯本来打算去找西兰帕问清楚,不说清楚她就不走。没想到，还没出门呢，就收到西兰帕的这封信。艾丽克斯高兴地把信紧紧捂在胸口，在屋里转了一圈又一圈。

两个年轻人就这样相爱了。他们手牵手走遍了赫尔辛基的每一条大街小巷，空气中都带着不可思议的甜蜜和浪漫。再美的景色，也比不上恋人眼中满足的笑意。当天开始模模糊糊黑起来的时候，两人才想到回学校。这时候城市的四面八方，灯火已经闪闪烁烁。风温和地抚摸着人的脸颊。隐隐地可以嗅到一种树木和大海的新鲜味道。多么美好的夏夜呀！

为了打消西兰帕的顾虑，艾丽克斯决定带西兰帕回家做客。西兰帕特意去做了一身新衣服，又刮胡子又理发，忙个不停。室友善意地嘲笑他，说西兰帕都可以去选美了。西兰帕毫不在意，跟着朋友们一起哈哈大笑，高兴得心都好像要飞出来了。

那天晚上，艾丽克斯的父母精心准备了许多食物，只是西兰帕实在太紧张了，也没尝出什么味来。不过，教授夫妇非常随和，他们并没在西兰帕的家境这个问题上多做深究，而是问了他许多学术方面的问题。西兰帕一开始回答得结结巴巴，艾丽克斯在桌子下面狠狠地踩了他一脚。他猛地把脚缩回来，差点撞翻了桌子。大家笑成一片，西兰帕倒没有那么紧张了。

晚饭期间，教授夫妇与西兰帕相谈甚欢，他们很欣赏这个敏锐多才的小伙子。抛去家庭因素不谈，他很配得上他们的女儿。西兰帕走的时候，艾丽克斯的父母送他到门口，还真诚地邀请他以后常来做客。

西兰帕长舒了一口气：再没有什么能阻挡他跟艾丽克斯在一起了。他们每天一起上课、做实验、写报告，课后一起出去玩。大学里恋人们的浪漫时光，总是美好得让人不忍心回想。

在艾丽克斯和她父亲的帮助下，西兰帕接触到许多从前没有机会接触到的知识。他像一块海绵一样吸收着这些信息，徜徉在知识的海洋里。西兰帕想，他要找个合适的机会带艾丽克斯回家见见父母——他们一定会喜欢她的。

9. 汉克斯的婚礼

时间过得飞快，让人来不及抓住岁月的尾巴。象牙塔的生活相对安宁。西兰帕和艾丽克斯每天除了吃饭睡觉外，就泡在图书馆里。有心爱的人相伴，连枯燥的知识都变得吸引人了。

就在冬天的时候，汉克斯托人捎信来，激动地告诉西兰帕，他要结婚了。未婚妻跟他在同一个工厂，虽然也是穷人家的女儿，但人很可爱，也能吃苦。

西兰帕由衷地为他们高兴：这几年，汉克斯一直独自生活，非常辛苦。他常常加班到深夜，因为实在是太累了，家里又没有人，就索性和衣睡在厂房里。吃饭也是有一顿没一顿的，毫无规律可言。而现在，汉克斯即将要成立一个属于自己的家庭啦。清晨有人煮好了热热的咖啡，夜晚有人守着烛光等他回家，想想都让人觉得温暖。就连所有的艰难困苦，因为有人分担，也变得平和起来。

汉克斯也邀请了艾丽克斯，希望她跟西兰帕一同参加他的婚礼。西兰帕也正有此意。正好借着这个机会，带艾丽克斯回家见见父母。冬天的海曼屈莱铺天盖地的寒冷，不过也别有一番风味。这是常年生活在赫尔辛基的人所体会不到的。

艾丽克斯本来答应跟西兰帕一同回去的，不过她突然临时有事走不开。西兰帕只好独自回去。列车呼啸在原野上，每停靠在一座小站，就能听到播报员甜美的声音。西兰帕透过车窗厚实的玻璃看到外面下起了雨，有稀稀落落的几个人排着队等候上车。

寒风猎猎，刺骨的寒冷。西兰帕下了车沿着河岸慢慢朝家走。河面结了厚厚的冰，附近的孩子们成群结队地来钓鱼。他们拿着轻便的铁铲，在背风面阳的地方横直着铁铲开始使劲地凿击冰面。湖面上的冰已经冻得十分结实，几个孩子用力敲击了好一阵子才凿开一个洞。孩子们从水桶里拿出一根木钓竿，在铁丝的鱼钩上穿上一条还在扭动的黑色蚯蚓。一个孩子蹲着耐心地等待鱼上钩，别的人就继续去凿冰洞。他们凿的洞都很小，完全不用担心厚厚的冰层会裂开。西兰帕一边用笊篱把凿冰洞时敲出来的碎冰块全部捞起来放进他们带来的水桶里，一边教孩子们应该如何更好更快地钓鱼——毕竟外面天寒地冻，实在是太冷了。

西兰帕将碎冰捞到水桶里可不是为了玩，而是想让这些冰块能够在水桶里慢慢融化。这样等一会钓上来的鱼，就可以放在冰水里而不至于立刻死亡了。就算他们要在这里钓上几个小时的鱼，拿回厨房做菜时，鱼也是绝对新鲜的。

做完这些之后，西兰帕就朝家走去。他一边朝手心里哈气，一边不停地搓着。没想到几年没有钓鱼了，突然做起这些事来，还真是手生啊。想当年，他可是一会儿就能钓起很多鱼呢。父亲最喜欢的就是母亲把儿子钓上来的鱼熬成浓浓的汤，他一个人就能喝下好几碗。

母亲估计着西兰帕快到家了，早早就迎了出来。她伸手替西兰帕掸去肩膀上的水珠，看到衣服已经有些湿了，

就连忙拉他到壁炉边烤火。母亲添上几大块柴禾，把火烧得旺旺的，跳动的火苗伴随着啪啪的声响，显得屋内静谧而又安详。天很快就要黑了，母亲催促西兰帕先去汉克斯家看看——汉克斯过两天就要举行婚礼了，说不定有什么能帮得上忙的地方。

西兰帕顺从地点点头，带着准备好的礼物走向汉克斯家。在汉克斯家附近，突然有个人从后面快速地拍他的肩膀。这个人手掌很小，不过指关节粗大，指甲光秃秃的，好像做惯了活儿的人。西兰帕回头一看，是个女人，穿着深绿色的工作服，衣服上还印了醒目的字，似乎是附近的工厂。

这个女工咯咯地笑着打招呼："嗨，西兰帕。"

西兰帕诧异极了，他盯着眼前的人看了又看。她是大约二十岁上下的女工，脸圆圆的，皮肤很白，看得出有浅浅的雀斑。她身材中等，长得温柔可人。西兰帕搜遍了记忆里的每一处角落，也想不起她是谁。他只好抱歉地笑了笑，认为对方认错了人。

没想到对方更乐了，她毫不顾忌地搭着西兰帕的肩膀。西兰帕连忙往旁边一闪，尴尬极了。她这才伸出手来，介绍说："瑞贝卡，我是瑞贝卡·德非诺。"听起来很熟悉，西兰帕露出疑惑的眼神，一遍遍地默念这个名字。

忽然，西兰帕惊喜地看着瑞贝卡，有点语无伦次："你是……"

"是的，我是汉克斯的未婚妻。"对面的女人微笑着说。

真是人生何处不相逢。西兰帕微微的叹息，没想到他第一次见汉克斯的未婚妻就这么凑巧。

雨停了，天还是灰蒙蒙的，云层重重的，好像就压在人们的头顶上。瑞贝卡刚下班，也要到汉克斯那里去。按照风俗，结婚前一天，男女双方是不能见面的。所以，她要赶快提前到汉克斯那里拿些她平时用的东西，因为怕会下大雨，所以两个人就边说话边快步朝前走去。

瑞贝卡似乎人缘很好，一路上不停地跟路人打着招呼。她也很健谈，知道西兰帕在外面上大学，就说了许多赫尔辛基有名的风景和点心。

西兰帕发现瑞贝卡好像对外面的世界十分了解，不像是海曼屈莱土生土长的那些女孩儿。果然，瑞贝卡告诉他，她本来是生活在图尔库的姑妈家。图尔库是芬兰第二大海港和重要的工业基地，经济十分发达。瑞贝卡在那里生活了一段时间，做过纺织女工。后来姑妈死了，表哥又结了婚，她这才回到海曼屈莱。

西兰帕对图尔库有些印象，他听人说起过这个城市。据说赫尔辛基大学最初就是建在图尔库的，后来才迁到赫尔辛基。西兰帕随口问瑞贝卡对家乡的印象，瑞贝卡却久久没有回答。她凝视着远方，眼神迷茫又惆怅，不知道在想些什么。

也许是在思念过去的时光吧。西兰帕明白她的感受。在大城市生活惯了的人，很难适应海曼屈莱的生活。虽说在图尔库的生活也有些紧张，但一切都很便利。不像在乡下，天冷的时候，邮差都懒得往这里来。

一般来说，在海曼屈莱，秋天和圣诞节期间举行婚礼的人比较多，因为这时没有多少农活，而且食物跟其他季节比起来要充盈得多。有钱的地主家结婚要庆祝很长时间，甚至可长达一两周。他们的"王冠婚礼"很是特别，之所以叫"王冠婚礼"，是因为新娘头带着装饰精美的王冠。

这种精致的王冠一般都镶嵌很多饰品，要提前很多天定制。而且还要量身定做配套的婚纱和新郎礼服。在这样精心的打扮下，新人们光彩亮丽，典雅高贵。

当然，一般人都承担不起如此豪华奢侈的婚礼，尤其是对于双亲都已经亡故的汉克斯和瑞贝卡来说，光是买戒指就花掉了他们大半的积蓄。不过，在朋友们的大力支持下，婚礼还是热闹欢快地办了起来。

办喜事的时候，最主要的还是气氛。只要有欢快的氛围，新人们就会留下难忘的回忆。

几天以前，邻居家的主妇们就开始帮着准备他们结婚当天招待宾客的食物。西兰帕和朋友们把房子收拾得干净利落，又摘来带着露珠的鲜花把房间布置得漂漂亮亮。村长请来了牧师，汉克斯和瑞贝卡在上帝的见证下喜结连理。婚礼达到高潮，人们开始狂欢，他们在露天的场地上随着音乐的旋律跳起欢快的舞蹈，唱着传统的歌谣。人们围着新婚夫妇兴奋地尖叫，直到精疲力竭。

他们唱啊、跳啊，相拥在一起，尽情地干杯。享受着难得的欢乐时光。

折腾了一整天，大家还意犹未尽。汉克斯开玩笑地说，等西兰帕结婚的时候，他们要好好地热闹热闹。西兰帕笑着捶他的肩膀，不过心里不禁在想，不知道艾丽克斯穿上洁白的婚纱，会是多么的美丽动人。

Chapter 2

第二章 梦想与现实

1. 辍学

冬去春来，春走夏迎。生活充实又忙碌。

西兰帕转眼就大四了，他打算拿到毕业证之后就跟艾丽克斯一起出去找工作。他已经决定留在赫尔辛基，虽然在这里生活压力比较大，但机会也很多。有些同学已经找到了不错的工作。更重要的是，他的心上人在这里，他要早日在自己的研究领域创造一番事业，好迎娶艾丽克斯。

艾丽克斯也跟父母商量着她跟西兰帕的未来，她相信凭借他们俩的努力，一定能过上不错的生活，可是艾丽克斯的父母却并不这样想。他们年长一些，见过更多的悲欢离合，懂得岁月的沧桑。他们虽然不过多干涉女儿的个人生活，却谨慎地保留了自己的看法。父母告诫艾丽克斯，希望她对生活不要盲目的乐观。

好梦总是易醒。西兰帕收到父亲的来信。信是父亲托人代写的，他在信中说，因为天气持续恶劣，地里颗粒无收，家里没办法为他交下学期的学费，让他自己想想办法。

西兰帕把这封信翻来覆去看了好几遍，他觉得有些疑惑：往年家里也有歉收的情况，通常想想办法，也可以勉强度日。庄稼的事，父亲为了不让他担心，几乎很少跟他提起，他也帮不上什么忙。西兰帕想,也许家里的情况比父亲信上说的更糟糕,他决定立即赶回海曼屈莱。

走之前,西兰帕并没有见到艾丽克斯——她好像又不知道去哪了。艾丽克斯最近常常不在学校,她的父亲已经给她联系了一份安稳的好工作。因为没有就业的压力,艾丽克斯经常跟朋友玩到很晚才回来。西兰帕留了便条给她,说他有事回家一趟,过几天就回来,叮嘱她不要老是玩到夜里才回家,要按时吃饭。

当西兰帕踏着夜色到家的时候,母亲正在煮咖啡。她先往咖啡壶里灌水,然后把壶放在炉子上,生起火来,再顺手从老地方把咖啡豆和咖啡磨拿出来,开始磨咖啡。这些事情做完后,就一声不吭地面对炉火,在噼啪声中静静地坐着,直到把水煮滚为止。

西兰帕轻轻地皱了皱眉头:又不是大清早,煮咖啡干吗?应该煮饭才对啊!而且母亲明显的一副心不在焉的神情,她动也不动地盯着炉火,沉默成一尊塑像。

母亲听到有人开门的声音,手在围裙上蹭了几下,站起来往外看。她以为是老伴回来了,没想到是远在外地的儿子。西兰帕看到母亲时暗暗吃了一惊,他连忙假装嗓子不舒服,低头咳嗽了几声。

一年没见,母亲迅速地衰老了,头发全白了,身上瘦得只剩下骨头,脸颊深深地陷了进去,显得颧骨特别高,映着昏暗的烛光,乍看起来,有些吓人。

Chapter 2　第二章　梦想与现实

西兰帕面对这么憔悴的母亲，一时间有些回不过神来。母亲却连忙迎了上来，一边用手拭着他的额头，怕他感冒，一边絮絮叨叨地问："怎么突然回来啦？学校里出什么事啦？爸爸很快就回来了，饿了吧？爸爸回来我们就吃饭……"

说着说着，她下意识地往炉子上看去，发现正在煮咖啡，连忙把咖啡壶端下来，讷讷地说："我这是怎么了，好好的，应该煮饭嘛，怎么把咖啡壶放上去了？"

西兰帕奇怪地问："爸爸呢？天都黑了怎么还没回来？"

母亲犹豫了一下，说爸爸到医院去了。西兰帕大骇，连忙抓着母亲的手问："爸爸怎么了？为什么不告诉我？"

母亲安抚地拍拍他的手，说爸爸没事，是替她去拿东西了。她慢慢地坐下，也许是因为身体不舒服，动作有些迟缓。昏黄的烛光在墙壁上映出长长的影子，一切好像是节奏缓慢的黑白影片，每一个镜头都变成了特写，被无限地放大拉长。

西兰帕这才明白，家里不仅粮食没有收成，还欠了一屁股种子钱，现在连吃的都快没有了。因为实在受不了这样的打击，西兰帕的母亲一下子垮了。她悲愤交加，开始整夜地咳嗽，甚至吐血，卧床不起。

家里人原本都以为是因为长久以来的操劳导致的，休息休息就没事了。没想到，过了一段时间，她的病情非但没有好转，反而愈加严重了。她咳个不停，身体衰弱得厉害，精神也不太好。

西兰帕的父亲连忙带她到离家很远的医院看病。就在西兰帕回家的这天下午，医院出检查结果，西兰帕的父亲就是拿诊断书和化验单去了。

天色暗沉，空中正笼罩着大块大块的乌云，渐渐的小雨中夹着雪花，漫天洒落。

母亲说着话，时不时地就咳起来。她整个人咳成一团，好像连心肺都要咳出来了。

父亲还没有回来，西兰帕决定出去找一找。母亲在门后翻出一把破伞，打开看了看，勉强还可以用，就给西兰帕拿上。他抱抱母亲，嘱咐她先去休息，然后就出门了。

在这样雨雪交加的日子里，如果没有什么紧要事，人们宁愿一整天足不出户，因此，村子里倒也比平时少了许多嘈杂。

街巷背阴的地方，冬天残留的积雪和冰溜子正在雨点的敲击下蚀化，石板街上到处都漫流着肮脏的污水。风依然是寒冷的。空荡荡的街道上，有时会偶尔走过来一个熟悉的邻人。

走了没多久，西兰帕注意到路边屋檐下有一个佝偻着身子的老人。他呆呆地坐在那里，手上的烟已经积了长长的烟灰，却始终一动不动。这正是西兰帕的父亲。西兰帕跑过去，奇怪的是，父亲看到这个日思夜想的儿子突然出现在眼前，居然动也不动，只是茫然地盯着西兰帕，神情肃穆，眼神空洞。

他佝偻着高大的身躯，失神地望着小河对面黑乎乎的布尔坎山。

山依然像他年轻时一样，没高一尺，也没低一尺。可他已经老了，也更无能了……

西兰帕的心好像大力地跳了一下，然后就迅速地沉下去，一直沉到无边的深渊中。他明白，家里肯定出事了，不然父亲看起来不会这么绝望。

他哆哆嗦嗦地伸出手，去拿父亲手里攥着的单子。他扯了一下，没想到父亲居然用着劲，他没能把单子拿出来。西兰帕深吸一口气，拍拍父亲的肩膀，把诊断书扯了出来。

他简直不敢相信自己的眼睛！病情那一栏填着一个他想都不敢想的名称。诊断书上医生潦草的签名仿佛是一张无情的网，张开黑暗的大口把他吸入无尽的深渊。

"是癌症，已经确诊了。"听到父亲用颤抖的声音说出这个事实，西兰帕的天一下子就塌了。这世上的一切瞬间褪去鲜活的色彩，变成冰冷的黑和白。他跌跌撞撞地往前走，他要回去，回到赫尔辛基，他不停地告诉自己，他今天没有回来过。要是他没有回来，说不定就不会听到这样的噩耗。说不定，母亲根本就没有生病，她现在应该系着围裙，在厨房忙活。要是她知道儿子今天回来，肯定老早就煎好了香喷喷的肉饼。

母亲煎的肉饼多香啊，可是他就要失去她了。他以后再也吃不到母亲做的饭,再也没有母亲相伴了!

西兰帕的脑子一片混乱。他机械地朝前走啊走,被绊倒了就立马爬起来再走。他不知道到底要去哪儿。天慢慢地变成了黑色,转眼间一道闪电划过天际,紧随其后的是雷鸣。远处,山上的一棵棵树木摇摇欲坠,让人胆战心惊。

西兰帕用力地抱住头,不敢相信这是真的。他跪在草地上,疯狂地揪着草皮。青草的汁液染满了双手。

西兰帕瘫倒在草地上。父亲颓然地坐在他的身边。

令人窒息的沉默之后,西兰帕爬起来,拍拍父亲身上的泥土,扶着他一步一步地朝家走。他们隐瞒了母亲的病情,只是把写满了专业术语的化验单给她看,然后哄她说,只是因为太累了,医生嘱咐多休息,养养就会好的。

母亲很容易地就相信了。她向来都是心思简单的人,丈夫说什么她就相信什么,从来不会质疑和拒绝。何况现在还有儿子在身边,这么有出息的儿子,懂得的肯定比谁都多。

那天晚饭过后,西兰帕久久不能入睡,他只能悄悄地走出门,在村子里毫无目的地遛达着。尽管这一天只吃了一顿饭,却丝毫不觉得饥饿。

好在天色已经很暗了,他没碰见任何熟人,可以把全部精神集中在自己的内心。

直等到太阳落山以后,他才一个人慢慢地通过村前那座小桥,踏上了通往坦佩雷的公路。

走不多远,天色已经完全暗下来了。不过,快要满圆的月亮从小河对面的山背后静悄悄地露出脸来,把清淡的光辉洒在山川大地上。万物顿时又重新显出了面目,但都像盖了一层轻纱似的朦朦胧胧。

大地开始凉爽下来,公路两边庄稼地里的无名小虫和小河里的蛤蟆叫声交织在一起,使这盛夏的夜晚充满了纷扰和骚乱。

西兰帕穿着一件破旧的内衣,外衣搭在肩头,独个儿在公路上往回走。他有时低倾着头;有时又把头扬起来猛地站住,茫然地望着迷乱的星空和模糊的山峦。一声长叹以后,又迈开两条腿走向前去……

痛苦,烦恼,迷茫,他的内心像洪水一般泛滥。一切都太苦了,太沉重了,他简直不能再承受生活如此的重压。他从孩子的时候就成了大人。他今年才二十岁,但他感觉到他已经度过了人生的大部分时间。

没吃过几顿好饭,没穿过一件像样的衣服,没度过一天快活的日子,更不能像别人一样甜蜜地接受女人的抚爱……

什么时候才能过几天轻松日子?人啊!有时候都比不上飞禽走兽,自由自在地在天空飞,在地上走……

一种委屈的情绪使他忍不住泪水盈眶。他停在路边的一棵白杨树下,把烫热的脸颊贴在冰凉的树干上,两只粗糙的手抚摸着光滑的杨树皮,透过朦胧的泪眼惆怅地望着黑糊糊的远山。

公路下面,小河的细流发出耳语似的声响。夏夜凉爽的风顺着河水吹过来，摇曳着树梢和庄稼。月亮升高了，在清朗的夜空冷淡地微笑着。星星越来越繁密，像在一块巨大的黑幕上缀满了银钉……西兰帕最后决定留下来——母亲为他辛苦了一辈子，操碎了心，他要陪她走完最后的一段路。跟妈妈的健康相比，他的工作、他的学业，又都算得了什么呢？

尽管邻居都说母亲的病治不好，劝他们不要乱花钱，省下的钱最后都打了水漂，但西兰帕还是坚持让母亲过得好一点。他不再让她做家务，而是带她到处走一走，想吃什么就尽量满足她。

因为病痛的折磨，母亲的精神越来越不好，午睡总是要睡一整个下午。母亲睡下之后，西兰帕就到附近的工厂做零工。他上学上了很多年，从来没有做过这么粗重的活，常常

回到家就往床上扑,浑身就像散了架似的,饭都不愿意起来吃。不过,躺一会儿之后,他还是挣扎着起来,给母亲喂点热汤,给她洗脸擦脚。这些事,做得多了,就变得顺手起来。

刚满二十岁的西兰帕就这样支撑起家庭的重担,这是生他养他的母亲,她把一生都奉献给这个家。照顾她,让她尽可能的活得舒心,这是他义不容辞的责任,再苦再累他也只能咬着牙坚持下去。

说心里话,他虽然不怕吃苦,但并不情愿回自己的村子去劳动。他从小在村子里长大,一切都非常熟悉,他现在觉得,越是自己熟悉的地方,反倒越没意思。他渴望到一个陌生的世界去!他读过不少书,脑子保持着许多想象中的环境。他有时候甚至想:唉,我在这世界上要是无亲无故、孤单一人就好了!那我就可以无牵无挂,哪怕漫无目的地到遥远的地方去流浪哩……

当然,这只是一种少年的可笑幻想罢了。他超越不了严峻的现实,也不可能把一种纯粹的唐·吉诃德式的浪漫想法付诸行动——西兰帕其实又是一个冷静而不浮躁的人。

他热爱自己家里的每一个亲人。但是,他也对这个家庭充满了烦恼的情绪。一家人整天为一口吃食和基本的生存条件而战,可是连如此可悲而渺小的愿望,也从来没有满足过!在这里谈不到诗情画意,也不允许有想象的翅膀——一个人连肚子也填不饱,怎么可能去想别的事呢!

从此以后,就要开始这样生活:他每天要看的是家里的泪水、疾病、饥饿和愁眉苦脸。毫无疑问，他将再没有读书的时间——白天劳动一天，晚上一倒下就会呼呼入睡。再说，在这个小村子里能到什么地方去找书呢？刚辍学那会儿，为了疏解心中的苦闷，他每天都要写一封信给艾丽克斯。邮差并不是每天都到村子里来，西兰帕就把信装好，几封几封地寄出去。西兰帕心里想着，总有一天，他还是要到赫尔辛基去的。现在的困难只是暂时的，很快就会熬过去的。在那些寂寞难熬的夜晚，西兰帕就一遍一遍地想他跟艾丽克斯的从前。那些甜蜜美好的回忆，是支撑着他的动力。艾丽克斯笑起来的模样，温暖了他心中的寒冷和绝望。

刚开始，每次邮差到村里来，都会带回艾丽克斯的回信。她在信中诉说着对西兰帕母亲病情的担忧和对他的想念，嘱咐他一定要保重身体。艾丽克斯说，她会等西兰帕回来的。

可是慢慢地，艾丽克斯的回信越来越少了，信的内容也渐渐地变得简单起来，通常西兰帕寄出去好几次，才能收到一封简短的回信。艾丽克斯解释说她已经上班了，新工作很忙，而且很多东西是西兰帕从前所没有接触过的，说了他也不会明白。

西兰帕意识到艾丽克斯的改变，可是母亲重病在床，他没有多余的精力去猜艾丽克斯的心情。

为了照顾病重的母亲和这个家，他已经有些精疲力竭了。

Chapter 2 | 第二章 梦想与现实

有时候,他会在梦中回到赫尔辛基,在大海的衬托下,无论夏日海碧天蓝,还是冬季流冰遍浮,那座港口城市总是显得美丽洁净,繁华的街道,如画的海港,络绎不绝的行人,傍晚时分从天文台山顶俯瞰下去,城市到处闪烁起暖暖的灯光。躺在赫尔辛基大学宿舍楼里,可以听到不远处的足球场那边,传来同学们的喊叫声和尖锐的哨音……

所有这一切,对西兰帕来说,都有一种亲切感。毕竟他在那里生活了四年,渐渐地对那座城市有了感情——可是现在,他已经向这所有的一切告别了。

再见吧,波罗的海的女儿!再见吧,赫尔辛基。

记得我初来之时,对你充满了怎样的畏惧和好奇。现在当我离开你之后,不知为什么,又对你充满了如此的不舍之情!

是的,你曾打开窗户,让我向外面的世界张望。你还用温柔的双手拍打掉我从乡下带来的一身黄土,把你充满大海气息的烙印留在了我的身上。可老实说,你也没能拍打净我身上的黄土;但我身上也的确烙下了你的印记。可以这样说,我还是没能变成一个纯粹的城里人,但也不再是一个海曼屈莱的乡巴佬了。

当西兰帕午夜梦醒之后,他静静地躺在床上,擦去眼角的泪痕,怀着愉快而又伤感的情绪,用回忆,用心灵,回溯了自己过去四年的历程。

再见吧,亲爱的赫尔辛基大学……

2. 黑暗中的微光

母亲的病情逐渐加重，时时都需要身边有人照料，西兰帕连出去做零工的时间也没有了。他生怕一出门，回来之后母亲就已经不在了。父亲一个人的薪水少得可怜，三口人经常天一黑就早早地上床睡觉，这样就可以少吃一顿饭。

这个时期正是第一次世界大战前后，芬兰国内阶级矛盾空前尖锐，1917年芬兰宣布独立后不久爆发了国内战争。这些重大政治事件在文学创作中得到了反映。有些作家彷徨苦闷，走向超自然的神秘主义，他们大多是一些爱国青年作家，他们或缅怀远祖的功绩，企图以此振奋国民的意志，或憧憬未来的国度，以寄托自己的理想。

在小说创作方面，其代表是林南科斯基(1869—1913)，他的作品取材于历史传说或神话故事，兼具有现实意义。代表作《火红的小花之歌》是一部强调伦理道德的训诲小说。在诗歌创作方面，其代表是基尔皮（1874—1939），他认为只有表现人物内心强烈的感情才能使人物具有真正价值。另一代表是埃伊诺·雷诺(1878—1926)，他的叙事诗《降灵节的圣歌》是新浪漫主义的代表作。他的诗对死气沉沉的社会表示愤懑，对新时代、新人物寄予无限的希望，尤其在1905年芬兰工人大罢工

期间写的诗歌,热情奔放,充满战斗激情。

此外,还有不少优秀作家以农村生活为题材进行创作,女作家塔尔维奥(1871—1957)的小说《黑屋的毁灭》暴露了地主阶级的腐朽生活,抨击了宗教的虚伪。耶尔内费尔特(1861—1932)深受托尔斯泰的影响,在小说《大地的孩子》(1905)和《海莲娜》(1902)中反映农村土地占有制问题,通过丰富的细节描写,刻画了一些栩栩如生的佃农形象。当时,新浪漫主义在芬兰文坛上虽不占主导地位,却给芬兰文学输入了外国文学的积极影响。

在这种氛围的影响下,西兰帕对文学产生了浓厚的兴趣。他曾经尝试着写一些随笔,得到了朋友的好评和赞扬。再加上他在大学期间学习了四年自然科学,这就形成了他自己独具一格的创作方法。

现在西兰帕每天在家陪着母亲,正好可以利用这个机会写写东西,不仅能缓解他心中辍学带来的苦闷,还能锻炼自己的文笔,为母亲挣点医药费。

他开始尝试着给报社投稿。最开始的文章都很稚嫩，投出去之后就石沉大海，杳无音讯。西兰帕一遍一遍地推敲自己写出来的文章，同时阅读大量的文学作品，主要是诗歌和散文。在书的海洋中，他了解了许多颇具盛名的作家，尤其欣赏比利时的诗人、剧作家、散文家莫里斯·梅特林克的作品。

梅特林克的早期作品充满悲观颓废的色彩，宣扬死亡和命运的无常。这主要体现在他的《不速之客》、《盲人》等剧作中。19世纪末，梅特林克发表散文集《卑微者的财富》，开始摆脱悲观主义，研究人生和生命的奥秘，思索道德的价值。这一切都对西兰帕的文学创作产生了积极而又深远的影响。

西兰帕用心琢磨着梅特林克的创作特点，并利用他自己独特的优势——生物学的观点来进行创作。他仔细观察生活环境对人、对社会的影响，并通过现实生活中普通民众的平凡琐事，深刻反映人的内心世界和心理活动，强调人做为生物的本性及生物竞争规律对人的作用。

渐渐地，西兰帕的水平提高了不少。他开始有稿子见报，读者反响很不错，也开始有编辑找他约稿。他还挣了几笔稿费，虽然不多，但却是自己的劳动所得。西兰帕觉得，这样的钱比其他的钱有意义多了。

每次文章发表后，西兰帕都要在临睡前把发表的文章剪下来，一一收好，统统寄给艾丽克斯。到现在为止，西兰帕已经很久没有艾丽克斯的消息了。他打定主意，一定要找个时间

Chapter 2 | 第二章 梦想与现实

去趟赫尔辛基。他要亲口问一问艾丽克斯,看看他们之间到底是怎么了。

闲暇的时光,西兰帕就给母亲读报。母亲尤其喜欢听西兰帕念他自己写的东西。天气好的话,西兰帕就在房前的院子里放上一张小木床,铺上厚厚的稻草,把母亲抱出来透透气——医生说这样对母亲的病情有好处,她要是不操劳、按时吃药,并且保持心情愉悦的话,也许可以多活一段时间,走的时候也不会非常痛苦。阳光洒在脸上,西兰帕眯起眼睛,感受这久违的温暖。

稿费全换成了妈妈的药片,可还是远远不够。西兰帕经常到商店去赊账,等稿费到了再还钱。有时候,一连好几个星期没有收到稿费,他就躲在家里不肯出门,怕遇到商店的老板——大家都在一个村子里住着,别人虽然不好意思催他还钱,他自己却依然感到多多少少有些尴尬和窘迫。

每到这个时候,他都格外地想念艾丽克斯。这么久过去了,他虽然嘴上不愿意承认,但是心里比谁都明白:艾丽克斯早就不是当年那个和他漫步在湖边的小女生了。岁月的车轮轰隆隆地载着他们飞快地向前,他们的生活都发生了意想不到的变化。

她跟别人辛勤做实验的时候,他默然地辍学回了家;她邀请他参加她的毕业典礼,他却因为母亲病重无法成行;她找了安稳的工作,外面的世界新鲜而复杂,那个时候,他却还在为稿子不能见报没有买面包的钱而苦恼。

他们之间的话题越来越少。艾丽克斯难过地发现，西兰帕在她的心中已经逐渐褪色成模糊的剪影。她在想起他时，脑海里总有短暂的空白。可是，从前并不是这样的，那个时候，只要听到他的名字，她的眉眼都变得柔和起来。这个年轻的女孩子深深地苦恼着。在西兰帕留在家乡照顾母亲的时候，她做了一件谁都想不到的事——她独自一人来到了海曼屈莱。

当西兰帕看到风尘仆仆的艾丽克斯时，简直不敢相信自己的眼睛。他激动地打量着她，发现艾丽克斯跟他记忆中的印象不太一样了：她不再是昔日那个甜美活泼的少女，而是一个衣着华美的女子，她的气质优雅高贵，跟西兰帕家破破烂烂的房屋极其的不协调。西兰帕看得出来，艾丽克斯的生活中一定是出现了什么变化，从内而外地改变了她。

艾丽克斯为西兰帕的母亲带来了大量的营养品。老人这时正在熟睡，干枯的皮肤散发出一种老朽的味道，让人轻易地闻到死亡的气息。西兰帕就这么坐在床边，看看母亲，又看看艾丽克斯，目光单纯又美好。仿佛所有的苦难都不过是梦一场，只要醒来就没事了。

艾丽克斯的眼泪一下子涌了出来。西兰帕叹息着，紧紧地拥抱她。她小声地问："你还会来赫尔辛基吗？"他忙不迭地连连点头。

她又问："什么时候？"

西兰帕望向远方，却不知道如何回答艾丽克斯的问题。

Chapter 2　第二章　梦想与现实

她追问:"你什么时候来?"

西兰帕无奈地说:"难道就不能再等等吗?"

艾丽克斯轻轻推开他,蹲下身,把脸深深埋进膝盖里。

很久之后,西兰帕听到一个犹豫而又忧伤的声音。那个声音说,她家里给她介绍了一门亲事,那个男人她见过,人很好。

艾丽克斯再也说不下去了,她觉得自己无比的残忍。她不是不明白他的苦,可是她不能跟他一起承担这样的生活——她不敢,也承受不住。

西兰帕慢慢坐在艾丽克斯身边,无言地摩挲她光洁的脸庞。天空静谧又安详,他心里一片平和。他知道,这根本就不是他去不去赫尔辛基的问题,而是面前的这个女孩子,已经改变了最初的心意。他不怪她。她始终是美好的,他们曾经许诺相守,那个时候,没有人比她更爱他。然而现在,一切都不一样了。她即将离开他,去奔赴另一段美好明亮的旅程,开始全新的生活。从今以后,他要是再见到她,就不能叫她艾丽克斯了,而是要称呼她为某某太太。可是,他又能怎么样呢?难道,要用苍白的允诺和虚无缥缈的未来拴住她吗?

她生来就没有吃过苦,也不应该过这样的生活。西兰帕不敢去想,如果有一天,她变成了海曼屈莱农田里憔悴沧桑的妇人,失去她原本应该有的光芒和鲜活,那该是多么令人悲伤的事情。

艾丽克斯走的时候,轻轻地吻了一下西兰帕。她甚至有些不敢面对他，她的怯懦让她无言以对。西兰帕送她上车，艾丽克斯冲着他把手挥了又挥，眼泪再一次模糊了她的视线。

此刻，他们心里都明白：从此以后，他们就只是陌路人了……

3. 至亲的离去

转眼到了七月末，母亲又熬过了一个年头。今年的天气很不错，日照充足，雨水适中，也没有逃荒的人们来疯抢，地里的庄稼长势喜人，一看就是一个丰收的好年景。

一个清晨，西兰帕像往常一样早早地起床。收拾完毕之后，他走到门口，扛起农具准备下地干活。外面的阳光多刺眼啊！他好像一下子来到了另一个世界。天蓝得像水洗过一般。雪白的云朵静静地飘浮在空中。山坡道上，连片的小麦都已成熟，黄毡似的一直铺到西面的布尔坎山下。东边的大山遥遥挡住了视线，更远的天边弥漫着一层淡蓝色的雾霭。向阳的山坡大部分是麦田，有的已经收割过，土是深棕色的；有的没有翻过，被太阳晒得黄澄澄的，像煮熟硝好的牛皮。

天边的旭日正在徐徐升起，田野里一片寂静，让人明显地感到夏天快要结束，秋天就要来了。黄澄澄的麦穗已经低下重重的头，临近的农田里已有人开始热火朝天地收割。海曼屈莱到处都是人来人往的繁忙景象。

不过,西兰帕家的地里动静倒不大。父亲的身体现在已经大不如前,稍微动一动就气喘吁吁,看了让人心惊肉跳。西兰帕只好自己起早摸黑地干。他的手掌磨起了厚厚的茧子——他有好几年没有干过这种粗重的农活了,何况就一个劳动力怎么说也是有限的。家里人都很担心要是不能及时收割完,那可怎么办。父亲一旦精神好点,就要到田里来,能多收割一点是一点。不过,西兰帕今天早上来的时候,发现了一件奇怪的事:

他们家地里明明没有人,可是地头已经摞了厚厚的一堆麦穗,而且这几天一直都是这样。看来是有人早早地帮他干了些农活,又趁他来之前迅速地溜走。西兰帕环顾四周,早起的人们愉快地跟他打着招呼,然后扛着农具纷纷下到自己的田里去了。西兰帕不知道是谁这么好心。村里人虽然都知道他家的难处,也很想帮他一把,但正值农忙,自己家的活都干不完,谁还有那个空闲去帮别人收割。再说了,也用不着每天一大早悄悄地帮他吧。

西兰帕暗暗嘀咕,一定要弄清楚到底是怎么回事,看看是谁在帮他家干活,他一定要好好谢谢这个好心人。

第二天,太阳刚在地平线露了个头,西兰帕就一骨碌爬了起来。他迅速地洗漱完毕,往农田走去。今天是难得的好天气,远处的天空浩淼如蓝色的大海,悠然飘过的朵朵白云,若干帆静泊,隐着粼粼波光。西兰帕深吸一口气,空气透彻心扉的清新。风一阵阵地吹起，吹拂着行人的面庞，透着丝丝凉爽。

西兰帕踩过一片青草地，青草茂密又柔软。他每挪一步，田埂上的蚂蚱就三五成群地蹦起，再仓促地落到别处，少了几分夏日的喧闹，多了份宁静悠远的美丽。秋天，在这个绚丽的清晨静静地绽放。

远远地看去，西兰帕家的地里有个娇小的身影在不停地忙活着。弯腰，割麦，扎捆，她的动作麻利敏捷，看得出是做农活的一把好手。西兰帕认识这个好心的姑娘：她是西格丽特，玛丽亚家的小女儿，只比他小两岁。小的时候，他们还常常在一起玩。长大后，西格丽特的性格变得有些腼腆，只会默默做活，不大跟他见面了。就在最近，知道西兰帕的母亲病倒了，西格丽特还常常到西兰帕的家里来帮忙，做些力所能及的事。

可是，西兰帕没想到西格丽特居然在偷偷地帮他做农活。西兰帕太意外了，西格丽特从来没说过这件事，他一定要好好谢谢她。西兰帕刚一出声，没想到就把西格丽特吓了一大跳。

这个十八九岁的女孩子，猛地直起身子，睁大了浅蓝色的眼睛，像一只受到惊吓的小鹿。西兰帕看了暗暗好笑，他刚准备说什么，发现西格丽特的脸红得像在炉边烤过似的。映着朝阳，像笼罩了一层淡淡的微光。他突然想起艾丽克斯侧着脸微笑的样子，莫名地，有些说不清道不明的心绪沉淀在心头，变得惆怅起来。

西格丽特并不明白西兰帕到底是怎么了，不过她也不好意思问他。要是在平时，她连直视他都不敢。少女低着头走到西兰帕身边，略微停顿了一下，冲他点点头就算是打招呼，然后一转身飞快地跑掉了。

西兰帕望着西格丽特远去的背影，想到她平时总是不辞辛苦地帮他照料母亲，还有她看他的时候，总是不自觉地露出的害羞的神情，西兰帕仿佛明白了什么，他凝视着远方，若有所思。

秋末的时候，母亲已经显出油尽灯枯的迹象。医生也没有什么办法，只是让西兰帕和父亲顺其自然地对待这件事。母亲醒着的时间越来越少，她总是昏沉沉地睡着，也不怎么吃东西。渐渐地，连水都喂不进去了。西兰帕和父亲轮番守在她身旁，不停地跟她说着话，希望能再多挽留她一点点时间。

9月的一个夜晚，迷茫的山峦沉浸在深深的翠影中，月光静静地洒向大地，俯瞰着睡梦中的人们。月亮周围只有零星的星星相伴。西兰帕守在母亲床边，握着她瘦得皮包骨的手，慢慢地贴在自己脸上。

她已经完全地陷入昏睡中，他们刚才喊了她好几声，她都没有任何反应。这种情况已经持续了很久，要不是胸口还微弱地起伏着，显示出一些生命的征兆，他们几乎都要以为她已经狠心地撇下他们自己一个人先走了。

父亲轻轻地拢了拢母亲的碎发——它们已经完全失去了

往日的光泽，显示出没有生命的苍白。

西兰帕的眼泪一下子涌了出来，不能自已。儿时的他曾天真地跟母亲说，他要好好学习，长大了挣好多好多的钱，给母亲买个大房子，买多多的面包，想吃多少有多少。可是，如今，他还没有来得及闯出一片自己的天地，她就要这么去了。

天蒙蒙亮的时候，这个苦命的女人的生命力已经变得极其微弱。村里的牧师赶来，替她向耶稣祷告，希望能够让她的灵魂得到救赎："感谢主，他的受难成就了我们与神的沟通，他亲自引领我们走向天路！"

母亲已经没有力气再亲吻十字架了，牧师只好象征性地把十字架递到她的嘴边，再拿回来。映着朦胧的天光，躺在床上的女人咽下了最后一口气。生命中最重要的两个男人都在她身边，她走得很安详。上帝也许真的是看她太苦了，就早早地解脱了她。

父亲昏聩地靠坐在墙边，颤抖地靠近炉火，想把手里的烟点起来，不过试了好几次都不行。他颓然地把烟放下，茫然地望向远方。他的一生经历了无数的苦难，有时甚至连他也不知道自己是怎么熬过来的。可是，他就是这样过来了，一个又一个夭折的儿女，一场又一场的天灾人祸，他都咬牙挺过来了。可是，那是因为还有人一直陪在他身边。如今，连这个人也被时间带走了，他又能如何呢？

乡亲们都赶来帮忙料理后事。在牧师的带领下，他们在教堂里举行了简单而又严肃的葬礼。来参加的人都必须穿深色的服装,不能谈笑或者高声说话。教堂里有人唱起哀伤的歌曲,乡亲们向棺木献上准备好的花束,然后抬起棺木赶往墓地。海曼屈莱的人连肚子都填不饱,更谈不上拿出多余的钱来买墓地,因此大家约定划出一块区域,专门用来安葬村里去世的人。

大家在墓前默哀,一起唱安魂曲,然后动手把棺木下葬。这样,整个葬礼仪式就结束了。瑞贝卡也过来帮着招待村里的人,不过西兰帕和汉克斯可不敢让她做什么活,只让她切切面包,倒点茶水——这个时候的瑞贝卡,肚子已经很大了,显示出快要临盆的迹象。这是唯一一件能让人感觉到喜意的事情。

4. 仲夏日的婚礼

葬礼结束后,西兰帕没有像一年前打算的那样离开海曼屈莱——他改变了主意,决定留在这片生养他的土地。就在这片贫瘠的土地上,西兰帕开始了他做为文学家的璀璨历程。

母亲过世之后,西格丽特就一直默默地陪在他的身边。长久以来,她一声不响地帮他扛起家庭的重担。她照料地里的庄稼,不怕脏不怕累地照顾他病重的母亲。而且,西格丽特从来没有向西兰帕抱怨过什么。她执著地付出着,又不求任何回报。父亲非常喜欢她,西兰帕也很感激她。西格丽特用她特有的方式无声地温暖着身边的人,照亮了别人的世界。她仿佛一道光,将他毕生都点亮。

熬过漫长的严冬,走过冰雪消融的春天,转眼就到了活泼的初夏。芬兰的夏天跟冬天就像太阳和月亮一样,是同一个地区两个完全不同的景色。如果把芬兰的冬天比喻成一个人沉睡恬静的容颜,那么夏天就是她灵动迷人的笑靥。海曼屈莱的夏天,到处是生机勃勃的景象。湖里鱼群跳跃,树林里小动物们欢快地跑来跑去。松树参天,桦树挺拔,还有苍翠欲滴的丘陵和森林。

那些长着金黄色头发的年轻人成群结队地吹着口哨从人群里穿梭而去,消失在茂密的森林里。那些参天的树足足有好几十米那么高,满眼都是如翡翠般凝润浓郁的绿色。夏天的村庄到处充满了阳光和活力,所有的植物都以惊人的速度凝聚足够的能量,存储丰富的养分,用以应付寒冷漫长的冬季。

在父亲的坚持下,西兰帕决定娶西格丽特为妻。当艾丽克斯褪色成年少记忆里模糊的剪影,只剩下几个苍白的片段时,西格丽特开始慢慢地融入他的生活,成为不可或缺的一部分。她也许并不是十分美丽,也不是他第一眼就爱上的那个人,可是这又有什么关系呢?他只知道,她会一直陪着他,像母亲陪伴父亲那样,无论风霜雨雪,永远不离不弃。

他跟西格丽特商量这件事的时候,这个单纯的女孩子因为实在太激动了,居然试了好几次都没有说出完整的句子。她眼圈发红,只知道下意识地跺着脚。然后激动地用手紧紧捂住嘴,好像说话声音大一点,就会把这场美梦吵醒了。再没有人比她更期待这一刻,她甚至迫不及待地想跑到原野上,对着湛蓝的湖泊兴奋地大叫,宣泄心中的激动。

这时已经是6月份了。每年6月下旬是芬兰白昼最长、黑夜最短的时节,日照长达18个小时。所以,人们把6月20日至26日之间的那个星期六定为仲夏节,用来欢庆夏至的到来。关于仲夏节的来历,在欧洲有个美妙的传说:古希腊罗马神话中有位女神,名叫色列斯。她把种子撒向人间,赐给大地丰饶的物产:树木、花卉、谷物……为了感谢女神色列斯,于是人们虔诚地祭祀她,祈求她年年都给人们带来丰收。

每逢仲夏节那天,身着民族盛装的人们个个喜气洋洋,络绎不绝地来到中心广场,参加节日游行。一位美丽的少女打扮成"谷物女神"的形象,她头戴黄色花冠,身穿古装,披着鲜艳的披肩。游行队伍在"谷物女神"的率领下,浩浩荡荡朝前走去。当"谷物女神"走到即将开镰收割的麦田时,鼓乐齐鸣,欢声四起。人们便将"谷物女神"团团围住,翩翩起舞。欢乐的人群高歌酣舞,完全沉浸在一片丰收的喜悦之中。

因为瑞典、芬兰等北欧国家靠近北极,冬季漫长,大部分地区几乎有半年时间不能见到太阳。仲夏节前后,这一地区处于一年中阳光最为充足的时节,仲夏节又是白天最长的一天，几乎没有黑夜。对于较长时间处于寒冷黑暗天气下的人们，仲夏节就包含着万物重新焕发出活力、大地上生机重现的意思。人们在这一天庆祝光明驱除黑暗以及万物争荣日子的到来。

每年的这一天，北欧各国都按照当地的民间传统习俗举行各种庆祝活动。

芬兰传统的仲夏节，是庆贺芬兰日照时间最长的一天，更是举国上下开怀畅饮的节日。这一天，所有人都会停止工作，赶往乡下的仲夏节聚会！就算在城市中，人们也会从市集买来白桦树枝和紫丁香布置家居，装扮成乡村感觉。

聚会的形式多种多样。或是和住乡下的家人团聚，合家欢度仲夏节；或是在自家庭院里、湖畔的草坪上支起遮阳的小帐篷和太阳伞，一家老小在烤香肠、烤肉的香气下自在地享受

西兰帕传

和风暖阳。食物准备好了就举家开饮，酒到酣处举杯邀歌，正因为如此，它被认为是最浪漫、吉庆的日子，有许多人专门选择这一天举行婚礼。仲夏夜篝火晚会是节日的重要内容，按古老传统，篝火要由新婚夫妇点燃。这往往是仲夏节最富有浪漫色彩的传统活动。西兰帕的父亲和西格丽特的父母仔细商量后，也把婚期定在了仲夏节这一天。

镇上的教堂每年仲夏节都要为一对情侣举行盛大的婚礼。场地和仪式都由教堂来安排。新人们只需要出很少的费用就能举办一场难忘的婚礼。今年的主角就轮到了西兰帕和西格丽特。

虽然两家都不富裕，但这场婚礼依然经过了精心的准备。来宾们到达布置精美的礼堂，一切都已准备就绪。优美舒缓的音乐徐徐响起，在男女傧相和双亲的陪同下，身披白色婚纱的新娘和身穿黑色礼服的新郎缓缓踏入教堂，参加专门为他们安排的讲道仪式。乡亲们用满含着祝福的目光，看着这对光彩照人的年轻人。孩子们换上节日才穿的衣服，欢快地跑来跑去。

讲道仪式结束后，这对新人在人们夹道欢迎的掌声中来到露天布置的舞台上。舞台四周插满了新鲜的花束，还带着晶莹剔透的露珠。婚礼圆舞曲缓缓响起，西兰帕绅士般地鞠了一躬，西格丽特矜持地把手放在他的手心，就好像把她的一生都交付予他。他们俩在音乐声中翩然起舞。人群围成巨大的圆环，把新婚夫妇围在中间，大家边唱边跳，似乎在庆祝自己的婚礼一般。

金发碧眼的西格丽特手持一束玫瑰花，显得格外美丽动人，西兰帕也显得格外英俊潇洒。伴随着优美的乐曲，迈着轻快的舞步，这对佳人在不停地转啊转，沉浸在幸福和喜悦之中。

当落日的余晖映在天边时，人们纷纷涌向湖边，观看最精彩的压轴戏——点燃仲夏之夜的篝火。据说，过去人们在仲夏节点篝火是为了驱除邪恶，给人间带来光明和温暖（当然，现在是为了庆祝这个特殊的日子）。

燃点篝火是仲夏节的重中之重。当傍晚来临，人群纷纷涌向湖边。在湖中央岩石上，用十几条旧船和树枝搭成的大篝火堆足有几十米高，周围簇拥着许多小篝火。晚上十点，一条木船将刚在教堂里举行过婚礼的新郎、新娘送到篝火旁，孩子们好心地替西格丽特托起长长的裙裾。他们夫妻俩从去年在这里结成良缘的那对夫妇手中接过火把，点燃篝火。转眼间，星星之火迅速燃开，篝火越烧越旺，火势冲天。火光映红了湖面，映照在人群一张张激动而又兴奋的脸上。

这时，庆祝活动达到了高潮。村民们在村镇的广场或运动场上竖起一根用花环桦树枝装饰的五月柱。在明朗的仲夏之夜，配合着小提琴和手风琴的表演，在岸上观望的人们情不自禁地翩翩起舞。太阳虽然已经落下，但仲夏夜的天边总是泛着鱼肚白。大家围着篝火随着乐曲唱歌跳舞，久久不肯离去，狂欢一直持续到凌晨……这时刚刚落下的太阳冉冉升起。

5. 写作探索期——《生命和太阳》

婚后的生活平和而又宁静，无论何时何地，家的港湾总是格外温暖。西兰帕文思泉涌，笔耕不辍，发表了他的小说处女作《生命和太阳》。这是一部以乡村为背景的半自传性的长篇爱情小说，描述了一个暑假回乡的大学生与乡村少女的爱情故事。书中几乎所有的人物都没有十分具体的描写，取而代之的是粗线条的刻画，犹如夏天朦胧的夜景，让人觉得无比美好，却又看不真切。

那些寥寥数笔勾勒出的主人公简单而又内蕴丰富。虽然形象有些模糊，却给人一种身临其境的熟悉感。仿佛他讲述的就是我们自己。在他的笔下，那些让人哭过又笑过的事情似乎就发生在我们身边。

人们给了这部小说很高的评价。他们意识到，年仅21岁的西兰帕已经充分显示出他在文学创作上的天赋。他很擅长人物心理刻画，侧重抒发个人内心的感触，突出表现了人的内心难以捉摸的感受和幻觉。与此同时，他还有一个鲜明的特点——叙事细腻，常常借景抒情，寓情于景，文笔别具一格。

评论界发表了许多跟西兰帕有关的文章。有人分析西兰帕的创作风格，说他不仅继承了芬兰文学的优秀传统，还深受尤哈尼·阿霍、阿维德·耶尔纳菲特等前辈作家的影响，更吸收了外国作家（主要是比利时诗人、剧作家、散文家梅特林克和挪威作家哈姆逊）的特点，再加上他在大学学习了四年自然科学，便形成了他自己独具一格的创作方法。

更有人指出，西兰帕在作品中喜欢运用生物学的观点，观察生活环境对人和社会的影响。在描写大自然时，笔触细腻，格调清朗大气，富有诗情画意，充满着人文情怀。

西格丽特并不懂报纸上的长篇大论说的都是什么。她对小说一窍不通——她只关心丈夫开不开心、有没有赚钱养家。她觉得，这就是她的责任，她把他的生活照料好，就是为他的事业贡献力量了。

6. 战争！战争！

婚后不久，西兰帕就发现西格丽特做家务是一把好手，理财却是一塌糊涂——她似乎对金钱没有什么概念。这是因为，在她从前的生活中，粮食是地里长出来的，做衣服用的布是自己家里纺出来的。西格丽特过惯了自给自足的生活，根本就没怎么花过钱。她对数字一窍不通，不会算账，更不明白怎么精打细算，让生活细水长流。

西格丽特只知道,西兰帕给了她家用之后,她就用来买食物和其他的生活必需品。给的家用多,她就额外买些好吃的;给的少,她就只买面粉和黄油。

西兰帕对西格丽特没有计划的花钱感到十分无奈,可惜他自己也不善理财。他只会在没钱的时候叮嘱西格丽特千万要学着管钱。等有了钱,俩人又把说过的话忘得一干二净。好在两个人都还年轻,日子容易凑合。地里种着庄稼,西格丽特又勤劳肯干,西兰帕时不时地领些稿费,生活也还算过得去。

不过,日子久了,夫妻俩发现这样下去不是办法。他们的收入只能维持最基本的生活,没有一点儿多余的钱,而西兰帕的稿费也并不固定。此时,西格丽特已经有了身孕,他们必须要存些钱,以备不时之需。西兰帕一直清楚地记得他小时候拮据的生活,就因为穷,一直到上中学时,他还被同学们嘲笑。他可不愿意让他和西格丽特的孩子也过这种生活。

西兰帕试图找些固定的工作来做。他联系了几个出版界的朋友,拜托大家给他留意一些合适的工作。没过多久,就有人给西兰帕介绍了一份编辑的工作,在波尔伏的惠氏出版公司上班。虽然很忙,常常要加班到深夜,但是待遇不错,生活还算稳定。西兰帕在工作中接触了大量的书稿,刺激了他写作的欲望。他在空余的时间开始了积极的文学创作。

就在这个时期,社会再次动荡起来。当时,由于连年的战祸、遍地的饥馑,广大人民普遍生活在水深火热之中。在这种情况下,被生存所逼迫得走投无路的人们,纷纷起来闹革命。群众运动此起彼伏、风起云涌。芬兰的民族矛盾和阶级矛盾空前尖锐，斗争变得越发激烈。

要理清这纷乱的现实，就得从芬兰近百年的历史说起：1809年，瑞典败给俄国后，就把殖民地芬兰割让给了俄国，成为俄罗斯统治下的大公国。在最开始的时候，芬兰的地位非常独特：完全由芬兰公民组成的"钦命芬兰参议院"既是政府，又是最高法院。由于沙皇住在圣彼得堡，因此他任命一个芬兰总督做为其代理人，但是由于不懂瑞典语，历任俄国总督很少参加芬兰政府的会议。事实上，芬兰与俄罗斯帝国一直很少有或者根本就没有什么共同点。

然而近些年来，事态有了一些意想不到的变化。1899年2月15日，俄罗斯帝国突然发出文告把芬兰立法机构置于俄国政府监督之下，不仅如此，芬兰的立法、征兵和税收这些关键问题都改由圣彼得堡任意加以决定。这就意味着芬兰的自主从此名存实亡。一石激起千层浪，从此之后，数以万计的芬兰人前赴后继地走上了革命的道路。

1904年，芬兰爱国学生绍曼暗杀了在波罗的海省份推行残暴政策的芬兰总督——波尔尼科夫将军，随后吞枪自尽。芬兰人视他为不朽的民族英雄。由此就可以看出，芬兰人从沙皇手中争取宪法权利和公民自由的决心和气魄。哪怕这场较量实力悬殊，他们也愿意拼死相搏。

随后的1905年，芬兰再次爆发大罢工，人民获得了选举权。同时，佃农的斗争也获得了胜利，佃主在巨大的压力下被迫接受不得随意驱逐佃户的要求。海曼屈莱有了一番新景象，所有的佃农都受到革命浪潮的感染，变得扬眉吐气起来。事态发展平稳，年底的时候，陷入无休止的战争困境的俄罗斯帝国无奈之下发出文告，宣布废除过去6年来在芬兰实行的所有非法法案，并同意芬兰议会重新召开会议。

芬兰人趁机进行了大胆的政治改革：他们在1906年取消了陈旧的四个等级议会，代之以一人一票选举产生的一院制议会；取消了过去对选举权的财产资格的规定；赋予妇女以选举权，这在当时的欧洲还是首创（在那个时候，世界上只有新西兰刚刚赋予妇女以投票权）。

政治改革之后的芬兰局势一片大好，人民精神抖擞，憧憬着无限光明的未来，似乎明天就可以翻身做主人。西格丽特也这样想，每天都去听村里的人说改革的事，回来眉飞色舞地转述给西兰帕听。西兰帕从来不打击妻子的热忱，他只是一遍遍叮嘱妻子，把地里的庄稼照料好，多储存点东西；不管改革成什么样，种地的还是农民；无论什么时候，粮食才是最根本的东西。

果然，平静的局势只维持了不到两年。1908年，俄国政府再次采取一系列严厉措施侵犯芬兰的自主权，还把俄语设为政府的正式语言。在俄国的强硬干涉下，芬兰一步步地丧失了自主权。到1914年时，连芬兰宪法也失去了它存在的意义。

因此，以"积极抵抗党"为代表的芬兰独立运动应时而生，人民展开了大规模的反抗斗争，同时积极发展与国外民族独立运动人士的地下合作。总之，1914年，第一次世界大战硝烟弥漫、战火遍地的时候，芬兰已经从一个温顺的从属民族变成了谋求独立的革命民族。

1917年，无论对俄国还是芬兰来说，都是一个巨大的转折点。俄国十月革命取得成功，国内形势剧变。芬兰借此机会宣布独立，脱离与俄国的联合关系。继而，俄国的新主人布尔什维克党很快承认了芬兰是一个主权国家，享有选择自己道路的自由。至此，芬兰人民追求民主与自由的努力经过血泪的浇灌，终于开出圣洁的花朵。

然而好景不长，人们还没有从独立的热潮中醒过来，局势就出现了意想不到的变化。几周之后，芬兰的国内和国外开始出现一股股反对独立的势力，争取民族自由的斗争迅速演变为轰轰烈烈的国内战争，这就是1918年的芬兰内战。

经过激烈的斗争，在付出了惨痛的代价之后，1918年4月29日，赤卫队战败，历时三个月的芬兰内战结束。

这场战争损失之惨重骇人听闻，至今仍被芬兰人认为是民族悲剧：据不完全统计，在芬兰内战中一共有36640人死亡。其中，赤卫队（或者叫"红军"）死亡27038人；政府军（或者是所谓"白军"）死亡5179人；此外还有俄国干涉者4423人。

这场战争使得芬兰元气大伤，在革命党发动内战前，芬兰的粮食自给率就只有59%，经过内战的蹂躏，经济大幅度下滑，粮食严重缺乏，在某些地区已经演变成饥荒。广大的劳动人民生活艰苦、食不果腹,难以维持基本的生存。

人们饱受战乱之苦,政府也无力挽回局面。到处是绝望游荡的人群。连汉克斯都对生活失去了信心。他跟瑞贝卡的孩子,就夭折在一个冬天的深夜。那个冬天是多么的寒冷啊,仿佛要把人的血液都冻住。上帝把那个孩子带走的时候,似乎也带走了他和瑞贝卡的灵魂。汉克斯整日浑浑噩噩,还盲目的参加赤卫队,试图能改变现状。可惜,他的心血换来的,只是更沉重的生活。

西兰帕虽然没有亲身参加这些斗争,但是战争却无处不在,它从根本上改变了这个时代和身处在时代大背景下的人民,影响了西兰帕的生活。深刻的社会矛盾、激烈的战争、在死亡线上痛苦挣扎的老百姓,这些都给西兰帕带来了巨大的冲击。

7.《神圣的贫困》和《黑里图与拉纳尔》

无休止的战争对西兰帕的影响还体现在他的文学创作中。1919年,西兰帕发表了他的成名作——《神圣的贫困》,这是一部长篇巨著,也有人翻译为《赤贫》。

之所以题名为《神圣的贫困》,是为了缅怀在极端贫困的条件下生活的大多数芬兰人民。他们的命运完全仰仗那一小块土地的施舍：土地肥沃，他们就能多收一些粮食来养家糊口。西兰帕用"神圣"来形容他们的贫困，是因为这贫困像一种不可逃脱的命运一般，被人们怀着宗教般的顺从接受下来了。

芬兰当时处在俄国沙皇的殖民统治下，加上19世纪60年代，连续三年的自然灾害，更加剧了农民的悲苦命运，导致农民破产。那些淳朴无知的老百姓们，因为祖祖辈辈过的都是这种贫穷的生活，反而觉得这是理所应当的。他们感受不到压迫与剥削，不懂何为不平等。他们只是守着那一小块土地，卑微地生活下去。

西兰帕在构思这本书时，把它定义为一部暴露性的自然主义作品。深刻揭露黑暗的社会现实，这是他创作的根本出发点和目标。他在书中主要描写了佃农尤哈·托沃拉坎坷的一生。故事发生的背景被设定为1918年的芬兰内战，尤哈从小丧失父母，被寄养在舅舅家。尤哈长大后当过长工，朴实、忠厚、勤劳的他受尽了人间的折磨。国内战争期间，尤哈加入了赤卫队（就是国内战争时期的人民武装组织），后来惨遭白军杀害。

尤哈的一生，其实就是一个普通的乡村农民参加赤卫队的故事。他本来是一个贫苦的伐木工人，除了身上的破衣服外，一无所有。他勤奋劳动、节俭度日，却所得菲薄，仍然不能过上舒心的日子。在外漂泊闯荡多年后，他一无所获，不得不回到故乡当佃户农民。

尤哈其实是一个淳朴而又愚钝的弱者。他一直是个供人差遣的工具，也是众人的笑柄，被所有人蔑视、虐待，得不到应有的尊重。而他的妻子同样也是个愚昧无知的女人，从他们结婚起，她就欺骗了他，使他稀里糊涂地接受了另一个男人的孩子。她甚至不会做家务，和他一样笨手笨脚。他们好不容易才搞到了一小片庄园地，却不会经营，又缺乏远见。然后，他们又生了许多孩子。尤哈夫妇俩拖儿带女，缺吃少穿，一家人整天挣扎在贫困线上。最终，尤哈被卷进了革命潮流——这是他人生历程的必然结果。

他也曾"租过一头牛买过一匹老驽马"，并发过家，但后来的日子他整天忧心忡忡——愁吃，愁穿，愁住。时到中年，他头也秃了，牙也掉了，呈现出未老先衰的样子。繁重的生活负担压得他透不过气来，未来一片渺茫，看不到丝毫光亮和希望。这就是无产者的贫困和苦难。

他跟着乡亲们盲目地加入赤卫队，但又不明白"打土豪，分田地"的真正意义。农民们没有思想觉悟和战略计划可言，他们不仅没有及时建立武装割据政权，更没有采纳农村包围城市的战略，最后全部遭到白军的残酷杀戮。尤哈怀着天真而又盲目的热情跟随着大流，最终却成了时代风云稀里糊涂的牺牲品。尤哈之死，是一个痛苦的悲剧。

小说以现实主义的手法，通过对主人公尤哈·托沃拉六十年苦难生活的描述，真实地反映了芬兰农民在封建制度统治压迫和残酷剥削下，过着非常贫困、痛苦的生活，展现了芬兰历史的真实景象，揭示了内战给农民带来的灾难。

西兰帕在这部作品中表现出对下层人民深切的同情。西兰帕认为，尤哈的一生真实地反映了芬兰民族的悲剧，他试图通过对主人公命运的解剖，客观地探讨这场内战的起因并揭露事实的真相，从而使作品的主题直逼生命的本质和意义。

书中揭示了农民革命的真正原因——他们被生活所迫，走投无路，只有参加革命，同时也揭示了资产阶级敌视和诽谤革命的"白色谎言"，如革命是"上当受骗"等话语。西兰帕用事实戳穿了资产阶级的可耻行径和卑劣伎俩。他强烈的爱憎情感，渗透在字里行间。

文学界高度肯定了这部作品，给予西兰帕很高的赞誉。有人评论说，西兰帕是革命的文学家，是芬兰的一面镜子。他以笔做刀，以历史为鉴，刻画了芬兰的民族历程，展现出一个完整真实的社会。

当然，这部书也不是十全十美的。西兰帕本身有着一些宿命论思想，也反映到了作品中。突出的表现是无论经历怎样的磨难，主人公尤哈只是听天由命，不知道何为抗争，最终沦为命运的牺牲品。这种宿命论的思想在一定程度上降低了这部作品的思想性。

瑞典文学院认为："（《神圣的贫困》）不受传统美学色彩的诱惑，避免直接诉诸视觉的美，尽量选取单纯的主题，完成了卓越的艺术。他以画家的细致，把一般观察者所忽略的事物，赋予诗性之美。"

这个时候的西兰帕，开始进入公众的视野，这为他日后在文坛上获得举足轻重的地位打下了坚实的基础。他受到人们的鼓舞，更加全身心地投入到写作中去。这一时期，西兰帕还写了许多反映农村生活的短篇故事。他善于描绘大自然，借物抒情，以衬托主人公的心理，由于他在刻画农民形象、描绘农民与大自然的关系中表现出的精湛技巧，使得他日后在1939年荣获诺贝尔文学奖金。

西格丽特给了他巨大的支持。她包揽了家里全部的农活和家务，为的就是让他不受任何外界事物的干扰，专心地创作。当然，这也跟西兰帕的作品取得了巨大的成功有关（在这方面，西格丽特与西兰帕的母亲当年的想法不谋而合——要是不成功又没有稿费，那还真不如种地实在呢）。

因为《神圣的贫困》带来了巨大的成功，西兰帕在短时期内延续了这个题材的创作。在此之后，他又写了一部暴露性小说——《黑里图与拉纳尔》，这可以说是《神圣的贫困》的续篇。

故事的主人公是尤哈的女儿——美丽、天真的农村少女黑里图。她的家乡因为连年战争，已经破败不堪。她在家乡穷得活不下去，只好背井离乡，来到大城市坦佩雷谋生。她在一个有钱人家当女佣时，被少爷拉纳尔诱奸。黑里图羞愧难当，可是没有人愿意向她伸出援助之手。最后，她被迫投湖自尽。

小说通过黑里图之死淋漓尽致地揭露了资产阶级的荒淫无耻、精神空虚、损人利己的种种丑态，他们与被侮辱、被迫害的农村少女黑里图形成鲜明的对比。

这两部作品很能体现西兰帕独特的艺术风格和创作功底。它们的语言简洁朴素，情节通俗易懂，讲的都是平凡的日常生活中的琐事。然而，平凡之中却不乏令人深思的揭示，琐碎之处又常有感人肺腑的描绘。在有限的背景中创造出无限的魅力，在平凡的生活中发掘出无尽的美感，这就是西兰帕的独到之处。

除了长篇，西兰帕的短篇小说集《我亲爱的祖国》也是以国内战争为历史背景的。其中有些文章反映了工人失业，过着一贫如洗、濒于绝境的悲惨生活，也有的描写了农村破败、田野荒芜、农民挨饿的凄凉情景。

童年时代饥饿的经历和苦难的生活，给西兰帕留下了非常强烈的印象，也促使他拿起自己擅长的笔来反映这忧伤或者苦痛的一切。

西兰帕在《神圣的贫困》和《黑里图与拉纳尔》里所写的，都有着自己辛酸的影子。

命运没有给西兰帕带来温饱和高贵，却使他深刻地理解了人生的艰辛和劳累。正如他在《神圣的贫困》里所写的："我们出身于贫困的农民家庭——永远不要鄙视我们的出身，它给我们带来的好处将一生受用不尽。"

西兰帕自幼生长在海曼屈莱农村，现在又长期居住和生活在农民中间，对这里的一草一木非常熟悉，也十分了解农民和农村的习俗。他的很多作品都是以家乡的农村为背景，甚至一些人物和情节也直接取材于海曼屈莱，读起来让人觉得十分熟悉。

连西格丽特平日里跟乡邻们聊天的话都被西兰帕用作素材，体现在作品中。西格丽特对这一点觉得十分惊奇，她从没想过原来她的话也可以变成铅字印在书上。她甚至好奇地问西兰帕，有多少人看过他的书，他们是不是都读到了她的话。

8. 别具一格的别墅

不久之后，西兰帕与西格丽特的第二个孩子出生了。这次是个白白嫩嫩的胖小子。此时，他们的大女儿玛丽已经两三岁了。从前，温顺的小丫头变得调皮起来，她总是爬上爬下，一刻都不肯闲着。邻居家养了一只小狗，玛丽觉得非常有趣，经常去逗那只小狗玩，把它追得到处跑。小姑娘也不爱干净，小脸总是脏兮兮的，刚洗干净，她又弄得到处都是泥巴。西格丽特被折腾得疲惫不堪。

为了更好地照顾孩子们，西兰帕把西格丽特的母亲也接过来同他们一起住。家里突然多了几口人，显得很拥挤。西格丽特想起丈夫之前出了好几本书，银行里应该还有一笔钱。于是跟西兰帕商量，是不是换一栋大一点的房子住。他们现在住的还是几十年前的老房子，阴暗潮湿不说，空间也很狭小。而且，过几年玛丽长大了，也应该有自己的房间。

西兰帕思考了一下，突然有了一个奇妙的想法：既然打算买房子，为何不自己设计一个呢？有一个完全按照自己的心意设计的家，该是一件多么美好的事情啊！从房子的样式、格局到布置，都跟别人完全不同，人们一看就知道那就是他们的家，那该多好啊！

西兰帕越想越兴奋，便迫不及待地跟西格丽特商量，他要建造一幢别具一格的作家住宅——要足够大、实用、漂亮，最重要的是显示出他们跟别人不一样的风格来。这是只属于西兰帕一家的房子。

西兰帕边说边在脑海中慢慢描绘房子的样子：要建在湖泊附近，那里又安静，风景又好。具体位置要仔细考虑，必须去哪里都很方便。房子盖成两层或者三层的别墅，墙刷成灰白色，尖尖的屋顶铺满红色的砖瓦，映衬着清澈见底的水面，一切都像童话般美好。

别墅内部，要能让人眼前一亮。客厅要宽敞，装满大大的落地窗，窗帘他们可以自己来做——这样更显出家庭的温馨。二楼要有一个专供他写作的书房，坐在书桌前就能看得见外面辽阔的蓝天、悠闲的白云，听得到风吹过、叶飘落、鸟歌唱、浪侵袭。

儿童房也要多盖几间——孩子肯定会越来越多的；阳台上摆张木制茶几；他再动手做一张摇椅，闲的时候他可以带孩子们在阳台上看书，教他们认认字；院子里种满各式各样的花草，如果没精力照料的话，就种上全家人都爱吃的蔬菜。夏天的时候，他们在阳台上乘凉，孩子们就在院子里遛狗玩。

西兰帕觉得自己的主意好极了。他手舞足蹈地说着，西格丽特半天都没回过神来。她还没有看过谁家住这样的房子，觉得既新鲜又神秘。西兰帕是个急性子，想到什么就要马上付诸行动。他立刻跟一个建筑师朋友商量，看看可行性有多大。这位朋友听了西兰帕的想法，也觉得挺有意思，决定先画张图纸出来给大家看看。

图纸很快就画好了。这个朋友把大大的阳台和院子都一起画了出来，乍看上去就特别吸引人。西格丽特听了讲解，也觉得很满意。她老早就想要一个向阳又通风的大房子。他们现在住的老房子不仅破旧不堪,还很潮湿,弄得被褥总是生虫,她都苦恼死了。

这下好了,新房子不仅光线明亮,还有个大大的院子。书房在二楼,她再也不怕做活的声音会吵着西兰帕写作了。她可以放心地跟村里的主妇们拉家常。天气好的时候,她还可以教孩子们如何种蔬菜——海曼屈莱的孩子,可不能一点农活都不会做。

西兰帕的建筑师朋友说,自己盖别墅跟买现成的不一样,一定要计划好预算。盖多大的房子,买什么样的材料,请多少工人,这些都不是随便定的,要经过仔细的考虑和比较,让每一笔钱花得物超所值。西兰帕夫妇不知道有没有听得进去,他们还沉浸在对未来美好的想象中。

房子开工的时候,汉克斯也来帮忙。他和瑞贝卡的儿子已经五岁了,小男孩长得壮实,还会像个小大人似的跟西兰帕聊天。当他用小大人的口吻问西兰帕他们家每年收成多少的时候,人群中爆发出不可抑制的笑声。

工程进度非常快。不过,事实证明,西兰帕夫妇对建筑真的没有什么经验,预算的时候也考虑得不甚充分。房子盖到2/3的时候,他们的积蓄就花光了。西格丽特本来想就这么算了。可是没盖好的房子不知道要怎么处理,卖又卖不出去,总不能就这么扔在这里不管吧。西兰帕说,要不就先预支一部分稿酬——反正以前也常常预支的,只不过这次可能需要的多一点，只要到时候按时交稿就可以了。

西格丽特有些担心：他们总是存不住什么钱，一有大的开销就预支以后的稿费。久而久之，他们的财政状况开始出现一种非良性的循环。西格丽特觉得这并不是什么好事情。但也没有别的办法，只好把房子硬着头皮盖到底。

屋漏偏逢连夜雨。一天傍晚，眼看着天就要黑了，工人们纷纷收工回家去。西格丽特也快准备好了晚饭。西兰帕围着别墅转了两圈，发现屋顶的砖瓦没铺完，还剩一个屋角在那里，西兰帕决定自己上房铺瓦。

西格丽特不太情愿，天色暗沉，太阳只发出微弱的橙色的光芒。这种情况不适合再干活了。再说，只要等一个晚上，明天工人们就会把它完成的。西兰帕却不以为意，他搬过梯子，噌噌爬了上去。西格丽特在下面给他递瓦，夫妻俩有说有笑，甜蜜极了。

铺完房顶之后，天已经完全黑了。西兰帕扶着梯子下来，西格丽特刚想提醒他注意脚下，没想到西兰帕脚底打滑，踩了个空，"刺溜儿……"就摔了下来。西格丽特大惊失色，慌忙把他扶起来。好在摔下来的地方不高，西兰帕只是扭伤了脚踝，过了两天就好了。但是，西格丽特从此再也不让他插手盖房子的事情了。

西兰帕只好每天在工地上无聊地转来转去。别墅很快就完工了，远远望去，只见一幢具有乡村风情的别墅毗邻湖边，坐落在苍翠树木的掩映之中，仿佛远离了所有的世俗与尘器，格外的宁静幽远。走近了仔细观察，才能看出它是用一块块木板搭接而成的，尖尖的屋顶，绛红色的屋顶瓦在阳光的照射下格外醒目。

走进别墅里面，空间划分和位置布局也显示出简洁而又舒适自然的味道。西兰帕把家具重新漆了一遍，看起来跟新的一模一样。配上洁白的墙壁，有种安逸静谧的感觉。墙上挂着一些大小不一的照片，还有玛丽随手画的一些涂鸦，那些由黑白灰组成的图片记录了西兰帕一家过往的幸福时光。

总而言之，大家对别墅十分的满意，他们挑了个好日子，欢天喜地地搬了家。玛丽拖着妈妈给她做的布娃娃率先冲了进去，抢占了一个窗户对着湖面的房间，然后拍着门框满意地直跺脚，引得人们哈哈大笑。

9. 财务困扰

刚搬进新家的日子快活无比。西兰帕每天帮西格丽特做做家务，或者教玛丽认认字。小姑娘人小鬼大，脑筋转得比谁都快，性格又直爽，很有些西兰帕小时候的样子。西兰帕的父亲尤其喜欢她。西兰帕也觉得，要是日子一直这样幸福地过下去就好了。

有很长的一段时间,西兰帕一直没有动笔。他从前可不是这样的:以前,他总是想到什么就写什么,文思泉涌,下笔如有神助。他以为自己永远都不会有缺少灵感的时候。不过,现实好像跟他开了一个不大不小的玩笑。在这段时间里,他始终想不到什么好的题材,也写不出有价值的小说。

家里没有收入,却到处都要用钱。他们仅剩的一点积蓄很快就花光了,西兰帕无奈之下,只好又开始时不时地向几个出版商预支稿酬,勉强维持基本的生活。由于负债不断增加,又交不出作品,出版商开始三天两头地向他催稿。

没有当过作家的人可能无法理解被催稿的痛苦,尤其是在没有创作灵感的时候。对此,西兰帕只能烦躁地一根接一根地抽烟。这实在太可怕了。

那时候,电话还没有普及,只有政府、大的公司或是很

富裕的人家才能出钱装一部，以备不时之需。普通人的联络还是靠写信。邮差每次到村里来，都要经过西兰帕家的新房子，然后往门口的信箱塞上几封信。

西兰帕最初还挑挑拣拣地看一看，让玛丽去写回信，以便锻炼锻炼她。后来，他们发现信箱里全是出版社的编辑不厌其烦的催稿信。西兰帕索性随手把信一丢，再也不去管它们。邮箱被清空之后又很快地被重新装满，西格丽特有些不耐烦了。她催着西兰帕尽快交点什么给出版社，不然总是有一种压迫感。西兰帕不知道心里在想什么，反正叫她不要管这件事。

可是，几个出版商也很为难——他们打开门做生意，总要有商业利益才可以合作。西兰帕的文笔很好，作品也畅销，所以大家才愿意跟他合作。可是，要是他老是拖稿，他们还怎么继续合作下去呢？关键是，西兰帕不仅没有成熟的作品，还不停地预支以后的稿费，要是大家都这样，他们还怎么做生意？

西兰帕可不管这些，每天晨光微曦的时候，他就跟妻子到农田里忙活。有时候，玛丽醒了也把弟弟菲利普带过来。大人们干活，他们俩就坐在田垄上玩耍。菲利普还小，不会说话，看到好玩的东西喜欢得哇哇直叫，拿起来就朝嘴里塞。玛丽为这个不知道拍了他多少巴掌，不过他也没把这个毛病改掉。到了中午，一家人就收拾东西回去吃饭。

吃完午饭，西格丽特继续做那永远也做不完的家务。光洗全家人的衣服就要小半天。孩子们长得快，她没事的时候就做些孩子们的衣服。西格丽特的针线活做得很不错，心灵手巧，衣服做得又结实、又好看。

可惜好景不长，西兰帕的欠债越来越多。每次预支稿酬，出版商都很不情愿，总要西兰帕三催四请才把钱汇过来，而且给得越来越少。严重的债务问题再次摆在夫妻俩面前，他们不得不节衣缩食、省吃俭用。

日子久了，夫妻俩总是因为一点点琐事就吵起来：有时候是因为西格丽特没有及时把衣服洗干净晒好，害得西兰帕出门没有像样的衣服穿；有时候是因为西兰帕买的烟比别的牌子贵了些，西格丽特责怪他不会过日子；孩子们正是长身体的时候，西兰帕总是想尽办法给孩子们弄些有营养的东西，有时候不禁埋怨西格丽特不舍得花钱，反而招到西格丽特的挖苦。

闹矛盾的次数多了，两个人开始生起闷气来，他们谁也不理谁。西兰帕一大清早就躲在书房写稿，一写就是一整天，也不下楼。要不就是跟朋友们去钓鱼，一直待在外面。避免跟西格丽特见面，省得又闹得不愉快。西格丽特每次做好饭，就让孩子们去喊爸爸，她自己则不声不响地捧着碗坐在桌边，吃完就到厨房里去收拾碗筷，一句话都不多说。

孩子们并不明白大人之间这是怎么了，他们照样每天吃饱了就出去玩。玛丽长着一头长长的亚麻色头发，浓密而有光泽。小姑娘虽然年纪不大，却也知道美丑，平时非常注重她那头秀发了。西格丽特帮她用蝴蝶结把长发固定在脑后，随着玛丽跑步的动作，头发一甩一甩的，特别活泼可爱。

有几个跟西兰帕夫妇非常亲近的朋友，常常来别墅玩。日子久了，大家也看出西兰帕家出了一点财务上的问题。朋友们考虑过后，委婉地跟西兰帕商量，打算借一部分钱给这对夫妻，不过被西兰帕拒绝了——身为一个男人，怎么能连养活自己的妻儿都做不到呢？他坚称现在的窘迫只是暂时的，生活很快就能得到改善。看到他态度如此坚决，朋友们也就不好意思再坚持借钱给他们。何况，大家的手头也不是很宽裕。

想来想去，大家决定每逢周末就轮流带些食物或者生活必需品来，既能改善孩子们的伙食，又不至于让这对夫妻感到尴尬。朋友们都觉得这个办法很恰当，他们都是西兰帕多年的老朋友，知道他受小时候家境的影响，自尊心特别强。

到了周末，朋友们不仅带了牛排、鳕鱼等好吃的，还带了一些适合存储的食物。为西兰帕一家设计别墅的艾当姆又给玛丽买了件新衣服——那是一件白色的连衣裙，袖子蓬蓬的，长长的裙角坠着茄花色的纱质花边和手工绣的朵朵小花，看上去很漂亮。

小姑娘高兴得又蹦又跳，放下手中的活儿，缠着妈妈赶紧把新衣服给她换上。然后，她对着镜子左照照、右照照，看起来似乎很满意。有小伙伴在外面喊玛丽的名字，让她一块儿出去玩。玛丽对着镜子里那个清新可爱的小人儿做了个鬼脸，开开心心地出去了。

大人们给玛丽的小弟弟也带了些玩具来。小菲利普正躺在柔软的床上咬他那肥嘟嘟的手指,他张着刚长了门牙的小嘴,啃得吭哧吭哧的。玛丽追得邻居家的狗满院子乱跑,而他则睁大眼睛好奇地望着外面,好像是支着耳朵在听小狗汪汪叫的声音。大伙儿一逗他,他的一双小手就紧握着拳头,不时地挥舞着,嘴里唧唧咕咕的不知道在念叨什么,那肉嘟嘟像小馒头似的小脚蹬来蹬去,可爱极了。

Chapter 3

EEMIL 第三章 辉煌与阴霾
SILLANP

1. 迟到的幸福

随着时间的推移，西兰帕的名望与日俱增。越来越多的人开始关注他的作品和文学活动。他逐渐奠定了在芬兰文坛上不可替代的独特地位。基于他在文学方面的成就和贡献，芬兰政府经过慎重考虑，决定授予西兰帕国家作家年金的待遇（在芬兰文学界，得到这项殊荣的人并不多）。这对于西兰帕夫妇来说，不仅是一种精神上的赞誉和奖赏，在物质上也是一件雪中送炭的事情。

因为西格丽特没有什么收入，西兰帕又一直没有拿出出版商希望的小说，再加上之前盖别墅欠的钱还尚未还清，他们的生活有些入不敷出，基本上全是靠着预支西兰帕的稿费生活。西兰帕的稿酬虽然不少，但他们俩都不善埋财，从前每当西兰帕有新的作品面世时，就已经欠了出版商很多钱，还完欠款，他们也就所剩无几了。坚持一段时间之后，后续的生活又要预支稿费。

这样的恶性循环已经重复了无数次。西兰帕自己也很苦恼，但他找不到更好的解决方法。西格丽特一直没有工作，实际上她也没办法出去工作，因为家里还养着好几个孩子，吃喝拉撒都要有人照顾，光是对付这些小捣蛋们就很让人头疼。

西格丽特每天忙于无休止的家务琐事，经常累得腰都直不起来。西兰帕在家务上的能力实在有限，他每次想帮忙的时候，不知道为什么总会适得其反，弄得家里一团糟。有一次，天下着大雨，玛丽跑回来，溅了一身泥。西格丽特正在给小菲利普喂饭。西兰帕就自告奋勇地去给玛丽换衣服，换完随手就不知道搁哪儿了，西格丽特洗衣服的时候怎么找也找不到。后来过了很久才被小狗发现，从沙发后面的角落里拖出来，都有些发臭了。

这样的事次数多了，西兰帕也觉得很不好意思。农活他从小就会干，可是这些女人做的家务事，他还真没有做过，老是做不好，害得他再也不敢插手家里的事了，怕又给西格丽特添麻烦。

可见，他们的生活不仅不像外人想象的那么轻松，甚至有时还很窘迫。因为收入不固定，他们的生活质量也是时好时坏。好在孩子们长得健康结实，也很懂事，知道心疼父母的不易。玛丽已经能帮着家里做些力所能及的家务活了，这让西格丽特十分宽慰。

前几天，菲利普还说小伙伴们都有玩具小汽车，只有他没有，他也想要。可是，西格丽特不愿意给他买。菲利普哭闹了好几次，西兰帕被他缠得没办法，就用木头给他削了一个小的，可是很快就被摔坏了。菲利普照旧每天围着父母打转。现在，西兰帕拿了这笔作家年金，终于可以给他买心仪已久的小汽车了。

西格丽特心情愉悦，做饭的时候不自觉地哼起家乡的民谣，孩子们也跟在后面咿咿呀呀地唱。她买了些好吃的，特意给西兰帕煎了香喷喷的肉饼来庆祝。西兰帕本来还想再买点牛排，不过被西格丽特阻止了——她虽然还是没有什么经济头脑，不过也知道省吃俭用，比刚结婚的时候好多了。生活是最好的老师，西格丽特吃到了没钱的苦头，现在也会算一些基本的账目，变得精打细算起来。她知道，再没有什么比让孩子们吃饱穿暖更重要的了——西兰帕追求的是文学创作和精神升华，而照顾这个家、确保家里大大小小的人平安健康则是她甜蜜的任务、终生的事业。

靠着芬兰的国家作家年金这笔数目不菲的钱，西兰帕跟西格丽特在人到中年时，生活终于慢慢稳定下来。于是，西兰帕把更多的时间和精力放在工作上面，争取写出更多发人深省的小说。

19世纪下半叶,芬兰民族觉醒运动继续深入发展,同时挪威的易卜生、俄国的屠格涅夫和托尔斯泰的作品，英、法等国要求社会改革的思潮和达尔文主义相继传入芬兰。这一时期的作家比早期更关心社会生活，他们揭露社会矛盾，反映社会问题，特别是一些青年作家力主革新，猛烈抨击社会弊端和教会保守势力。革新和保守的斗争在文艺领域中有所反映。

走在斗争最前列的是女作家米娜·康特(1844—1897)，她公开宣布自己是"新时代"的人。她的代表作《穷人》深刻地揭示了穷人受苦、富人致富的根源，她指出：要使穷人不生病，只有消灭贫富差别，使大家有工做，有饭吃。她的另一部作品《工人的妻子》表达了芬兰妇女对旧法制的反抗精神和提高女权的强烈愿望。

尤哈尼·阿霍(1861—1921)也是一位有现实主义倾向的作家，在文学史上的地位仅次于基维。他的早期作品《当父亲买灯的时候》和《铁路》，描绘了与现代文明隔绝的、自给自足的农村生活，带有浪漫主义的色彩。他的代表作有《牧师的女儿》(1885)和《海尔曼老爷》。前者描写强迫婚姻制度下的一个妇女对昔日情人的怀恋；后者是一部讽刺庄园主生活的中篇小说。阿霍的晚期作品受法国自然主义的影响，小说《牧师的妻子》便是一例。

女作家塔尔维奥的小说《黑屋的毁灭》是一部非常有力度的作品，它暴露了地主阶级的腐朽生活，抨击了宗教的虚伪。

此前，芬兰的文学界也涌现出许多著名的作家和声名远播的作品，西兰帕仔细地看了一部分。有些优秀作家以农村生活为题材进行创作，在这个方面进行了深刻地挖掘。

作家耶尔内费尔特深受托尔斯泰的影响，在小说《大地的孩子》和《海莲娜》中反映农村土地占有制问题，通过丰富的细节描写，刻画了一批栩栩如生的佃农形象。

这些都是西兰帕比较熟悉的领域和题材。安稳的生活才让人有创作的精力和欲望，沉寂了一段时间之后，西兰帕再次拿起手中的笔，抒发他心中澎湃的激情。

1923年，西兰帕出版了《黑里图和拉纳尔》，收录了他近期创作的短篇小说。此后的两年，每年他都会出版一部作品集。1924年出版的作品集《靠近土地》和1925年出版的作品集《小丘上的窝棚》，都是他辛勤工作的见证。

此后不久，西兰帕常常带着妻儿在夏天和圣诞节的时候到赫尔辛基去住，经常一住就是很长时间。从西兰帕大学肄业离开赫尔辛基，已经过去很多年了。他只有在跟出版商谈事情的时候才会在赫尔辛基待上几天。不过，这并不代表他不喜欢这里。

事实上，在西兰帕的心里，除了家乡海曼屈莱，他最喜欢的就是赫尔辛基。他在这里生活过很长一段时间，赫尔辛基是他青春和梦想的见证。那个时候，他正年轻，妈妈也还在。他以为他是这世间难得的才华横溢的青年，仿佛伸手就可以触碰到高高的天，那里湛蓝一片，浮云穿过指尖。

可惜后来，一切都变了。世事变迁，沧海桑田。当空荡荡的时光被家庭的温暖填满，他还有什么可遗憾的呢？

西兰帕循着记忆里的路，走向赫尔辛基大教堂。它的美轮美奂曾给他留下过最深刻的印象。在市中心参议院的广场上，教堂外依然人来人往，跟当年没有什么变化，丝毫看不出岁月流逝的痕迹。那些风霜雨雪的艰难过往，在上帝面前似乎只是随风飘浮的沙砾，稍微停顿一下，很快就被带走了，似乎没人知道它们曾经存在过。

西兰帕沿着教堂外面的路慢慢走着，街上到处是三三两两悠闲漫步的人们。教堂周围布满了淡黄色的新古典主义风格的建筑。有美术系的学生在附近写生，目光清澈专注。阳光照在他们年轻的侧脸上，显出不一样的美丽。

大教堂附近的南码头是停泊大型国际游轮的港口，不过因为前几年的战乱，还没有多少人坐游轮出来玩。南码头广场上有常年开设的露天自由市场，小商贩们在这里出售新鲜水果、蔬菜、鱼肉及鲜花，还有芬兰刀、驯鹿皮和纯手工制作的首饰等各种传统工艺品，琳琅满目，让人眼花缭乱。

南码头北侧就是芬兰的总统府。早在沙俄统治时期，那里还是沙皇的行宫，一般人看到了都要绕着走。1917年芬兰独立之后，才成了总统府。总统府由卫队守卫着，总统在府中时，门前总是有两名头戴白色头盔、身穿灰色军装、肩背冲锋枪的士兵站岗。总统离开的时候，哨位则是空的。

2. 回乡之旅

春风在原野上轻柔地吹呀吹，吹走冬日的严寒，吹来一片生机勃勃的景象。无论外面的世界怎样变幻，海曼屈莱的生活始终保持着一如既往的宁静平和。原野上的雪还没化完，人们就纷纷脱下厚重的冬衣，换上轻便的春装出门游玩。从幽静的乡村到沸腾的城市，到处弥漫着春姑娘飘逸的风情。圣诞节过后就是芬兰的传统节日——复活节,复活节是基督教纪念耶稣复活的节日。传说耶稣被钉死在十字架上,死后第三天复活升天。每年在教堂庆祝的复活节指的是春分月圆后的第一个星期日,如果月圆那天刚好是星期天,复活节则推迟一星期。因而复活节可能在3月22日至4月25日之间的任何一天。在芬兰,北部和南部庆祝复活节的活动有些细微的差别,不过都是为了纪念耶稣的复活,同时欢庆春天的到来。毕竟,芬兰有1/4的地方在北极圈内,要熬过冰天雪地的寒冬和漫漫长夜,才能等来春天的温暖。

在古代耶稣复活之日,也是斯堪的纳维亚地区居民庆祝大地回春的"春太阳节",做为草原、森林动物中多产动物之一的兔子,它象征了春天的复苏和新生命的诞生,同时它又是爱神阿弗洛狄特的宠物,也是日耳曼土地女神霍尔塔的持烛引路者。

据说复活节兔子会将彩蛋藏在室内或是草地里让孩子们去寻找。做为给孩子们送复活节鸡蛋的使者,兔子深受孩子的宠爱。在复活节这一天很多孩子都会收到兔形礼物。

今年的复活节,西兰帕全家决定就在海曼屈莱度过,让孩子们也感受一下家乡过节的气氛。此时复活节巧克力蛋早在糖果店里摆出来了。那些最小和花样最简单的很便宜,孩子们用自己的零花钱就可以买下来。

这段时期上市的彩蛋有两种:小的一种叫方旦糖,长一英寸多一点,外面是一层薄薄的巧克力,里面是又甜又软的面团，然后再用彩色的锡箔纸包装成各种形状。另外一种是空蛋，稍微大一点，一般比鸭蛋还大一点。里面什么也没有，只是包着一个巧克力外壳。只需打碎外壳，吃巧克力片。

复活节临近时，糖果店的橱窗里会摆满比这些更精美的彩蛋。同时还有各种各样的用来吸引孩子们的小礼物出售。上面装饰有毛绒绒的羊毛做的小鸡，小鸡的嘴和脚都粘在卡片上。家境富裕的孩子可以从亲友那儿得到好几种这样的礼物。

黄色是复活节永远不变的主色调，虽然树木还没有发芽，人们仍然争先恐后地在街道、广场等地摆满了黄色的水仙。孩子们也开始在家里自己动手做些黄色的小鸡或者小兔子。西格丽特准备了羊肉和一些传统的蛋类菜品。一闻到厨房里飘出来的香味，大伙儿就直流口水。

西兰帕给孩子们每人一个复活节彩蛋。玛丽迫不及待地打开，外面是一层浓浓的巧克力，里面是一个黄色的塑料蛋，再打开就是一些小玩偶——玛丽的是一只惟妙惟肖的蝴蝶，菲利普的是一只可爱的麋鹿。

复活节这一天，人们在教堂前点烛以示圣化，并将圣烛迎进千家万户。在这一天里，孩子们最快乐的事是把圣火送到各家。他们在教堂前用圣火点燃树枝，然后奔跑着送到各家各户，其间充满着欢快的节日气氛。

玛丽和菲利普在脸上画好斑点之后就跟着别的孩子们一起出门了，他们化妆成巫师，开始赐福柳枝之行，这有些类

似于欧美庆祝万圣节的活动。孩子们挨家挨户地敲门,大声地唱着欢快的歌。孩子们唱完歌之后,主人家通常会拿出糖果或者彩蛋送给他们,孩子们把零食装好,再兴冲冲地去敲下一家的门。

在复活节期间,除了镇上的商店会短暂地开门外,其他时间商店都会关门。学校和工厂纷纷放假。人们也不下地干活,而是待在家里或者出门度假,尽情地和家人享受这难得的好时光。人们按照传统习俗把鸡蛋煮熟后涂上红色,代表天鹅泣血,也表示耶稣基督复活后的快乐;大人孩子三五成群地聚在一处,用彩蛋作游戏;他们把彩蛋放在地上或土坡上滚,最后破裂者即为获胜,胜利者可以得到所有游戏者的彩蛋。这些彩蛋精美漂亮且富有装饰性,它们代表着人们的美好心愿,并与所有人分享季节更替的喜悦。

西兰帕说服了出版商,争取到足够的时间来创作下一部小说。此时的他正窝在阳台上的躺椅里悠闲地晒太阳,享受着忙里偷闲的春光。他边喝咖啡边听孩子们唧唧喳喳地说他们今年拿到了多少糖果和彩蛋。

西格丽特就没有这么清闲了,家务事总是做也做不完。

她还在思考着西兰帕告诉她的他跟出版社的约定。在芬兰文坛，西兰帕和他的出版商们总是陷入一种奇怪的债务纠葛中：一方面，他的作品非常有影响力，又畅销，商人们都希望最先得到他的书稿，出版他的作品；但另一方面，他常常因为囊中羞涩，无力支付家中的日常开销。为了让他能专心写作，出版商总是要先预付他一部分稿酬，有时西兰帕也会自己开口要求提前把稿酬汇给他。

等他的书一旦跟读者见面，稿费也花得差不多了。如果家里有什么大的开销，他很快就又两袖清风、囊中空空也。要是同时有好几个出版商跟他催稿，他还要考虑一下具体情况，以他欠债的多寡来判断先把书稿给哪家出版社。

西格丽特对这一点总是充满了深深的无力感。一轮又一轮的债务给她造成了很大的心理负担，不过她也没有别的办法。西兰帕只有在有灵感的时候才动笔写作，其他的时间你逼他也没用。玛丽和菲利普一天天地长大，他们又有了孩子，西格丽特的担子也不轻。

在繁重的劳动和心理压力的折磨下，西格丽特的身体出了问题。最明显的就是她的胃口变得很差，常常什么都吃不下，而且总是生病。不再像从前那样精神抖擞、动作敏捷。为了照顾妻子和孩子们，西兰帕承担起琐碎的家务负担，这极大地分散了他的注意力。

结果，一直到第二年夏天，他都没有拿出令出版商满意的书稿。西兰帕心里着急，又不愿意表现出来，怕西格丽特担心。他常常写着写着，脑海里就突然出现短暂的空白，思路就断了。他不自觉地使劲咬笔杆，笔杆被他咬得光秃秃的，心里也像长了草似的，烦躁得不得了。

因为书稿拖了又拖，再也没有出版商肯借钱给他，西兰帕一家人再次陷入困境之中。秋天的时候，他们窘迫得连电费都付不起了。地方电力公司寄了厚厚的账单给他们，频频催账未果之后，切断了他们的电源，停止供电。

别墅待不下去了，他们只好另想办法。在坦佩雷一家工厂上班的朋友告诉西兰帕，他们厂里有一间闲置多年的地下厂房，空间不小，可是阴暗潮湿，不过好在不用付电费。朋友善意地问西兰帕愿不愿意考虑一下。无奈之下，西兰帕和西格丽特只好带着孩子们到坦佩雷的地下厂房暂住。

他们大女儿玛丽已经十来岁了，小姑娘身材细长，鼻梁又高又挺，长得有几分像她的外祖母。玛丽在厂房里走了一圈，到处都散发出难闻的霉味。她沮丧地问父母为什么要搬到这个糟糕的地方来。她实在是想不明白，家里的大房子多好啊，这里那么阴暗，怪吓人的。妈妈只打扫了一块地方，难道她要跟弟弟们共用一个房间吗？

玛丽嘟着嘴，用细细的小手指戳爸爸的背。西兰帕笑着转身，告诉她，他们只是在这里暂住一段时间，很快就会搬回去的，让她快点去帮着妈妈打扫房间、收拾行李。他还要去找梯子换天花板上的灯泡，这个厂房搁置太久，连灯泡都坏掉了。

"一段时间是多久呢？"玛丽想了想又追问。没办法，她真是太想回那个亮敞敞的家了，这个可怕的地方说不定会有蟑螂和老鼠。西格丽特走过来，拍拍她的小脑袋，打发她照看弟弟妹妹去了。

他们在坦佩雷的这间地下厂房一住就是整整一年。艰苦的环境磨炼了西兰帕的意志，激发了他的创作动力。在这段时间里，西兰帕写了不少短篇小说、散文和杂文，并一一结集出版，比如《天使保护的人》、《地平线上》、《忏悔》等数十部作品。

这些短篇作品题材相当广泛，和他前期发表的长篇小说一样反映了19世纪末和20世纪初芬兰社会各个阶层形形色色的人物生活状态。其中也有西兰帕的自我解剖，透彻地表达了他的人生观和自然观。

在短篇小说《暮年》中，西兰帕描写一对老雇农夫妇。他们的生活原本平淡无奇，夫妻俩辛苦了一辈子，生了一个儿子，好不容易养大成人，儿子却在国内战争中当白军为祖国英勇牺牲了，剩下他们两个孤苦伶仃的老人，为了每天糊口的面包，不得不挣扎着，最后也心灰意冷地倒下了。

又如在《遗产》中，他描写了一个吝啬到让人瞠目结舌的庄园主。他为了使自己的财产不落入旁人之手，不惜买通律师，制造假证，欺骗上帝。作品展示了他为了金钱无所不用其极的丑恶嘴脸。这类作品在西兰帕这一时期的创作中占了大多数，具有十分重要的意义。

1927年之后,西兰帕从波尔伏的出版社辞职,不再担任全职的编辑。为了解决严重的债务问题,西兰帕夫妇经过慎重的考虑,把海曼屈莱的别墅抵押给了他的一个出版商,用以还清部分债务。

然后,西兰帕和家人再次搬到赫尔辛基。跟从前不同,这一次,他们决定在这里定居下来。

孩子们很快适应了赫尔辛基的生活。在他们看来,住在哪里都没有十分大的差别。西兰帕给他们安排了新的学校,学校生活多姿多彩,充实而丰富。孩子们放学后经常跟新朋友一起出去玩到很晚才回来,西格丽特担心孩子们玩得太疯了不好,总是规定好他们回家的时间。不过,西兰帕并不同意她的做法,他常鼓励孩子们多出去走走、交些新朋友。他觉得这样培养孩子们的沟通能力比机械地学习书本知识要好。学校也应该多开一些对启发孩子们动手能力和创造力有好处的课程。

西格丽特的身体一直都不太好,可能是因为操劳的缘故,她显得比一般的同龄人略微要沧桑一些。她的手掌厚实,手指指节宽大,手掌上都是坚硬的暗黄色的茧子。她经常干一会儿活就要直起身来歇歇,还总是大力地捶腰,好像捶的力气小一点就丝毫没有缓解酸疼的效果似的。玛丽常常劝她要多休息,可惜她总是闲不住,总是时不时地动动这个、做做那个,放不下心来。

而在此时,西兰帕的心里正在构思着新的作品……

3.《少女西丽亚》

有一段时间，西兰帕很沉默，他总是坐在窗边，默默地凝望远方辽阔的苍穹，一坐就是大半天，动也不动。搬到赫尔辛基以后，他心中一直有个想法：写出一本具有代表性的小说，既能深刻地反映社会现实，又能充分体现出他自己的创作风格，成为一部能流传久远的作品。哪怕他有一天随风而去，人们只要读到这本小说，就能想到他——这就是他的代名词。

带着这种想法，西兰帕经过长时间的构思、规划，终于完成了一部小说——《少女西丽亚》。在交给出版社之前，他捧着书稿读了又读，不忍释手——这几乎是他最满意的一部作品。他全身心地投入其中，灌输进自己所有的情感和创作理念。此前，他还从未对哪一部作品倾注如此巨大的心血。

在介绍《少女西丽亚》这部作品之前，我们不得不先为读者详细介绍一下芬兰这个国家的历史。自中世纪开始，由于地缘关系，芬兰一直地处俄罗斯与瑞典两个强国的夹峙之中。虽然早早立国，但很快就称臣于瑞典，时间竟长达600年，1808年在大北方战争中，瑞典与俄罗斯交战落败，芬兰被俄罗斯沙皇亚历山大一世的军队占领，此后芬兰脱离瑞典，成为俄罗斯帝国的自治大公国，并由沙皇兼任大公直到1917

年。1917年11月7日俄国布尔什维克革命（十月革命）爆发，芬兰才宣布独立。直到1918年这个国家经历了一次短暂但却刻骨铭心的内战后，才迎来了一段难得的和平时期。即使是这样，年轻的芬兰共和国依然得面对一系列严峻的煎熬和考验。

《少女西丽亚》便是在这样的社会环境中应运而生，西兰帕用他最细腻的情感描述了古斯塔和西丽亚这对父女的苦难经历。西兰帕以极大的热情满怀同情地塑造出了西丽亚的少女形象。她纯洁、善良、美丽而又不幸。她的父亲古斯塔是个质朴、厚道、忠于自己感情的农民。他们父女俩原本过着十分富足而又祥和的生活。可惜天不遂人愿。在有钱有势的大地主无情的逼迫下，古斯塔不得不卖掉田庄，被迫远走他乡，与女儿相依为命。

受到如此巨大的打击，古斯塔万念俱灰。最终，在一个寒冷的夜晚，他永远地离开了人世。由于放心不下自己可怜的女儿，他死的时候没能瞑目。父亲的不幸去世，使得西丽亚变成了无依无靠的孤女。原来是富家女的她在走投无路之下做了女佣，孤弱无助地来到了一个污浊不堪、充满罪恶的世界，成了男人袭击和欲望的目标。

这个单纯善良的姑娘受尽了欺凌、屈辱、蔑视和嘲讽，但仍保持着独立的人格、高尚的情操和独立的人生信念。她和她的父亲一样，尽管在物质生活上是贫困的，但感情生活却无比富有。他们顽强的生命活力不是来自冰冷的现实，而是源自内心深处的良知。他们活在自己的信念里，在这个罪恶的世间保持着高洁的美。

在小说的最后，西丽亚为维护自己独立的人格而被生活冷酷地摧残。她身染重病，勉强栖身在一间小浴室中，但心中依然怀着对心上人阿尔马斯那份圣洁的爱。她看破了世间的一切，可是依然保有美好的希望，最终她平静地走向了死亡。

西兰帕塑造了一种撼人心魄的崇高的悲剧美，他把人们认为最美好的事情毁灭给人们看，从而真实地反映了富人和穷人之间的不平等关系。"富人是享福的，穷人是受虐待的，乌鸦不是鸟，佣人不是人。假如这东西人不吃，则猪吃，假如猪不吃，则佣人吃。"这就是西丽亚生活的世界。她活在一个不把人当人的社会，最终被这个黑暗的社会带向了无尽的深渊。

每个读这本书的人，都用心领悟着这个被精心刻画的女主人公的形象。他们为她唏嘘，为她落泪。西兰帕用最美好的语言描绘了她的心理活动，赋予她高尚的情操，并充分运用自然景物衬托她的内心变化，保持了作品内容的丰富。更重要的是，他不仅仅是哀其不幸，还对她的品德作了热情的歌颂，着重刻画出少女西丽亚的纯洁、善良、深情，表达了对她不幸命运的同情，成功地塑造出一个美丽、温柔、高尚的少女形象。毫无疑问，西兰帕的《少女西丽亚》是一本难得一见的优秀作品。

这部书稿交给出版商后，立刻得到了高度重视；出版社尽可能快地把它印了出来。

1931年，《少女西丽亚》正式出版。此书一经出版，就立即引起了人们的广泛关注，在当时造成了极大的轰动。人们争相购买，积极讨论着书中的人物。连西格丽特上街的时候都会被人认出来，人们称呼她为"大作家的妻子"，弄得西格丽特很不好意思。

4.《夏夜的人们》

《少女西丽亚》面世之后，西兰帕和家人度过了一段无忧无虑的时光。他和西格丽特养育了八个孩子，家里都可以组成一个足球队了。西格丽特一个人当然忙不过来，好在大的几个孩子都逐渐长大了，也会分担家务，帮着带带弟弟妹妹们，而且苏珊姑妈也帮了不少忙。

自从几年前西格丽特的母亲过世后，苏珊姑妈就从老家搬到赫尔辛基跟他们一起住。苏珊姑妈也是个命苦的女人。她刚结婚没多久，丈夫就死在战场上，此后不知道为什么，她选择了终身不嫁。她没有孩子，也没有什么别的亲人，一个人生活得孤独寂寥，西格丽特看她可怜，就把她接过来跟他们一起住，也算有个伴。

一天晚上临睡前，西格丽特收拾书房的时候，看到西兰帕的桌上又放着一部书稿。这也是一部长篇小说——《夏夜的人们》。在这本书中，西兰帕做了一些转变和突破，开始尝试一些新的表现手法。他并没有描写什么贯串全书的主要人物和主要情节，只是分别叙述了一些单个的故事，呈现出平凡人民的真实生活。

比如：书中描写了一对沉浸在爱河中的青年情侣；一个触景生情，在幸福、温馨的回忆中静静死去的老妇人；一个在口角中失手伤人的青年工人；一个妻子临产四处奔走却找不到助产士或大夫的焦急的人。他们素昧平生，彼此从未见过面，生活上也没有任何交集。但是，命运的大手在这个夏天的夜晚把他们连在了一起，并决定了他们各自的命运。全书的人物和故事虽然是独立的，但时间都集中在一个夏天的夜晚，所以仍然是一部连贯充实的长篇小说。

而在小说故事之外，西兰帕以精湛的笔触描绘了典型的芬兰风光。在他的笔下，展现出一幅幅具有浓郁芬兰气息的图画："千湖之国"的湛蓝湖泊，郁郁葱葱的森林和白夜的奇观，瞬息万变的阳光之美，深不可测的天空之景，冰雪的山村，质朴的人民，构成了一幅幅绚丽多彩的画面。

正如我们看到的托尔斯泰和屠格涅夫为我们描绘的俄罗斯那幅员辽阔的美景一样，他们单纯朴素的风格和爱国情怀，尤其是具有特色的风土人情给人以不同凡响的欣赏体会，让我们有着同样的感动。

正是在这样丰富多彩的背景下，人生展现出形形色色的命运。小说中有些人阴森可怕,有些人则和谐幸福,而这种无忧无虑的幸福生活是夏季特有的。

西兰帕的人生观在此表现得极为清楚:力求自由、丰富和完美。诚然,小说中的人物不像《神圣的贫困》和《少女西丽亚》中的人物那样具有深度,但这些人物活泼轻松,正好与作品中那一幅幅美丽的画面有机地协调起来。

在《夏夜的人们》中,西兰帕语言的魅力得到了淋漓尽致地展现。甚至可以这样说,从纯艺术的观点看,这部小说比作者的其他任何小说都更为精致。

此外,西兰帕还著有《一代人的命运》。小说通过对一个年轻农民成长过程的描写,反映了新一代芬兰人的觉醒,作品具有现实性、人文性与诗性相结合的完美风格。

5. 收获的季节开始了

西兰帕在文学创作上的成就,不仅轰动了芬兰文学界,也引起了芬兰笔会的关注。芬兰笔会已经成立了很长时间,成员都是在芬兰文学界举足轻重的作家和知名人士。他们的主要活动就是参与作品的讨论与创作、剖析作品的深刻内涵和思想深度。比如:第一次世界大战时,在芬兰文学异军突起的过程中,芬兰笔会起着不容忽视的促进作用。

当时，世界各地都成立了许多笔会。比较有名气的是阿拉伯旅美派文学家在北美组成的文学团体，成员有纪伯伦、卡茨夫利斯等。它的宗旨是联合阿拉伯海外侨民作家，革新阿拉伯文学，发挥文学在民族解放和社会进步事业中的作用。纪伯伦给笔会提出的口号为"上帝有一个人间的宝库，它的钥匙就是诗人的舌头。"笔会有自己的文学刊物，并设立不同种类的文学奖金。

西兰帕此前也曾受邀加入芬兰笔会，不过那时候他是芬兰作家协会的成员。他觉得自己的精力有限，而且对外界的活动向来不太关注，所以跟芬兰笔会的联系较少，也很少出席这些文学讨论活动。

不过，芬兰笔会却一直密切关注着他，并对他给予了很高的评价和期望。1934年，经过讨论，笔会全体成员一致评选西兰帕为芬兰笔会的荣誉主席，希望他能带领笔会在文学创作和发展的过程中更上一层楼。这无疑是对他个人文学素养和能力的一种肯定。

几个月后，好消息接踵而至：西兰帕不仅得到芬兰笔会的青睐，他所在的芬兰作家协会也肯定了他这些年的贡献和成就。大家一致通过决议，希望西兰帕能出任芬兰作家协会主席一职。在朋友的掌声和欢呼声中，西兰帕欣然接受了这个职务。

回顾往昔，西兰帕对于如今获得的成就感到十分欣慰。他原本出生在海曼屈莱一个再普通不过的农民家庭，是一个地地道道的穷小子。如果不是父母含辛茹苦地供他念书，他恐怕也跟祖祖辈辈的乡亲们一样，一生都只靠着那巴掌大的土地生活。从海曼屈莱到坦佩雷，再到赫尔辛基，从《生命和太阳》到《少女西丽亚》，再到《夏夜的人们》，他一步一个脚印地走过来，经历了常人难以想象的痛苦和折磨。

为了这一天明媚的阳光，他披荆斩棘，勇往直前。家庭的困苦、辍学的沮丧、母亲离去的痛苦，他都一一咬牙挺了过来。那是因为他坚信，冬天总会过去的，只要熬过了漫长的严冬，就一定能迎来最动人的春光。

这一刻，他深深地感慨着，那些风刀霜剑严相逼的过去，虽然不易，却更让他明白生命的可贵。长久以来，在他身边，一直有人默默地支持他、守护他，哪怕是在最艰难的时候，朋友们也没有放弃他。他得到的不仅仅是友谊，还有朋友们无条件的信任和支持。

西兰帕站起身来，点了一根烟，手下意识地敲打着窗棂，遥望着远方出神。天空中大片大片的浅蓝，白云朵朵，阳光如水般四处流动，空气中有小小的尘埃欢快地浮动着，显得格外宁静安逸。他想起卡尔先生，不知道他现在还能不能打得动兔子；汉克斯又添了好几个孩子，虽然担子不轻，在朋友的帮助下也能勉强度日；艾当姆现在还时常带着朋友来做客，他们每次都约好一起出去散步、洗桑拿浴；海曼屈莱的别墅也还在，湖泊依旧，岁月依旧。

西兰帕陷入对过往的回忆中，想念着，思考着，感慨着。他知道，他最应该感谢的，还是西格丽特。她在他最需要安慰的时候来到他身边，为他付出青春和一切，再也没有离开过。尤其是最近几年，西格丽特的身体愈加不如从前：她总是生病，抵抗力也下降了。医生都说，她是因为操劳过度，积劳成疾，嘱咐她要安心静养。

我们每个人都点过无数根蜡烛，刚点燃的时候，这只蜡烛又高又长，火苗旺盛，显示出生机和活力。慢慢地，随着时间的流逝，蜡烛变得又短又小，灯芯也烧完了，它已经快要耗尽了，只留下一堆悲伤的蜡油。西格丽特就好像这支蜡烛一样，她操劳了一生，为丈夫和儿女鞠躬尽瘁，无私地燃烧了自己的年华，温暖了别人的世界，而岁月却一点一点地吞噬着她的青春，她现在快要支撑不住了。

Chapter 3 | 第三章　辉煌与阴霾

西兰帕决定让她好好休息一下,享享福。眼下,孩子们都已经陆续长大,纷纷离开了家,只有最小的几个孩子还在身边。苏珊姑妈虽然年事已高,不过身体还算硬朗。她一直细心地照料着西兰帕家的孩子们,希望能让西格丽特安心养病。

秋去冬来,春走夏迎,两年光阴转眼就过去了。西格丽特的身体好了不少,脸色也红润了许多,不过还是不能太过操劳。全家人交给苏珊姑妈一个重要的任务:每天看紧西格丽特,千万不要让她过多地做家务。西格丽特却总是不听劝告,她跟西兰帕商量说,家里虽然收入不错,但是孩子多、负担重,不能这么坐吃山空,还是要找些稳定的工作来做。

西兰帕也觉得妻子说得很有道理。他在空余的时间里给赫尔辛基大学的学生上些文学或写作课,有很多学生拿着他的书来请他签名,他总是欣然应允;还有热衷文学创作的学生,仔细读了西兰帕的作品后,提出一些新鲜而有趣的疑问,放到课堂上来讨论。西兰帕耐心地跟同学们讲解着,偶尔也激烈地争论一番。年轻人总是充满了激情与活力,让西兰帕自愧不如。

在西兰帕的心中,当年因为家境贫寒而被迫辍学始终是一个深深的遗憾。无论他此后取得怎样辉煌的成就,他都觉得心里有一块巨大的空洞无法填满。他的作品越成功,他越受人欢迎,他就越觉得惋惜。得知这个情况后,赫尔辛基大学迅速做出了回应,他们召开全体会议,经过讨论和投票,决定授予西兰帕赫尔辛基大学名誉哲学博士学位,算是对他内心遗憾的弥补。这时是1936年,西兰帕已经48岁了。

6. 菲利普结婚

正值中年的西兰帕日常生活非常简单,除了出门办事或者偶尔与朋友小聚外,其余的时间他基本上都待在家里写作。他有抽烟的习惯,每次构思时,总要点上一根烟。有时候,他并不吸,只是坐在那里,看着袅袅上升的烟雾出神。他总是沉浸在自己的想象里,手中的烟积了长长的烟灰都不知道,烟灰掉下来,落在裤脚上,一不小心就烫出个小洞。西格丽特每次看到他裤子上的窟窿,都摇着头直叹气。

除了抽烟,西兰帕还喜欢有事没事喝点小酒。芬兰拥有广袤的森林资源,盛产品种多样的野生浆果,如蓝浆果、红浆果、黑加仑子、野草莓,等等。大家都知道,芬兰的气候较为寒冷,不适宜种植一些常见的酿酒水果。因此,这些野生浆果便成为人们酿酒的最佳选择。芬兰果酒是当地人津津乐道的一种混合佳酿:这种酒是由草莓、黑醋栗、红浆果等多种浆果混合而制成的,酒精浓度较低。

西兰帕最喜欢的是利口酒,是黄莓和北极莓的混合佳酿,在芬兰极富盛名。香味浓烈、口味独特,这种酒喝起来非常像梅子汽水,甜甜的,容易让人放松警惕,但其实后劲十足——要是喝多了，够你睡上一整天的。

　　他对啤酒也情有独钟。以前玛丽在家的时候，他每次喝完一杯后，玛丽总会跳出来，连哄带劝地把酒拿走，怕他喝多了对身体不好。现在玛丽已经出嫁了，还有了自己的孩子，也没有人留意他每顿饭喝了多少酒。不过西兰帕自己还是很注重身体健康的，他也知道身体最重要——他可是家里的顶梁柱。

　　要是天气好呢，他就跟艾当姆去钓鱼。他们自制了两套很不错的钓具。芬兰的湖泊很多，有"千湖之国"的美誉。他们常常是找一个澄澈的湖泊，坐在僻静的角落，一待就是大半天。湖水湛蓝，映照着岸边参差的树木，显出清晰的倒影。在这个时候，钓鱼就变成了一种亲近大自然的途径。他们放松了心情，舒缓了压力，并不仅仅是为了钓鱼而钓鱼。

　　当然，收获还是不小的。湖里最多的就是三文鱼、波罗的鲱鱼、鲈鱼等，要根据季节而论，夏天是吃马哈鱼、波罗的鲱鱼的最佳季节。通常人们直接将鱼放置在碳火旁熏，也可以用木板夹起来烤。这种原始的做法在保证其肉质鲜嫩之余，还能让鱼肉隐隐散发出木质特有的怡人清香。到了寒冬时节，最适于生吃的则是鳟鱼、鲑鱼，肉质极其鲜嫩，用它们来炖清汤也行，反正不管怎么做都美味极了。

　　艾当姆就住在离海曼屈莱不远的地方。现在世道不好，经济不景气，没生意可做，也没什么人找他盖房子。他就到处跑，各个城市都去，挣些钱养家糊口，过程虽然辛苦，但收入还不错。每隔一段时间，他就结束手上的活回家休息，住上好几个礼拜再走。艾当姆一回家，肯定要到西兰帕这里来。有时，他们一起去洗桑拿浴，边洗边聊天，会聊上很久。

一天，西兰帕和艾当姆相约一起去泡桑拿。碰巧菲利普也在家，于是就跟他们一起去。艾当姆很喜欢菲利普，觉得这个小伙子诚实勤奋又踏实肯干，比自己家的儿子脾气好多了。他越看越中意，心里不由地想：要是我也有个像菲利普这样的儿子就好了。

艾当姆突然灵机一动，他的二女儿索菲娅比菲利普小两岁，还没有结婚。这两个年轻人可以说是一起长大的，关系还不错，说不定能更进一步。艾当姆在心里斟酌着这个想法，他决定找个合适的机会跟西兰帕夫妻谈一谈，看能不能促成女儿跟菲利普的好事。

一天，西兰帕正像往常一样在书房里写稿。家里非常的安静，西格丽特一大早就出门了——玛丽生了孩子之后经常慌得手忙脚乱，她就时不时地去帮女儿做做家务，顺便看看她那可爱的外孙。

突然外面有人敲门，西兰帕一听这个节奏就知道是艾当姆——艾当姆因为常年跟不同的人打交道的缘故，事事都非常谨慎小心，连敲门声都跟别人不一样。不过，西兰帕可管不了这么多，他在里面大声地喊，让艾当姆自己推门进来。

艾当姆来了之后，显得有些不好意思。他下意识地搓着手，然后把跟妻子商量好的事一字一句地说出来，想听听西兰

133

西兰帕传

Chapter 3 | 第三章 辉煌与阴霾

帕的意见。西兰帕听到艾当姆想把女儿许给他们家，下意识地吃了一惊。事实上，在此之前他还从来没有考虑过菲利普的婚事。

在西兰帕的心里，他总是觉得孩子们都还小，离开家出去独自生活是非常遥远的事情。玛丽长大的时候，他也没有往婚事上考虑，还是西格丽特知道操心，托了很多人给玛丽介绍一个不错的男孩子，后来把她满意地嫁了出去。西兰帕想到玛丽结婚时他心里的慌乱和措手不及，决定这次要好好地为菲利普打算打算。

索菲娅是个很不错的女孩子，小时候常常跟着艾当姆到他们家来玩。小姑娘长得很可爱，嘴巴又甜，性格开朗，是个懂事的好孩子。这几年，他也常常能在村子里见到她，长相跟从前没有什么明显的变化，说话做事也十分有礼貌。西兰帕告诉艾当姆，等西格丽特回来，他们夫妻俩商量商量，要是两个

孩子都没有问题，就尽早把他们的事定下来。

在那个时候的芬兰乡村，年轻人选择结婚对象在很大程度上要受到父母的影响和限制。婚事一般主要是由家长来决定的。比如：男方家长看中了哪个姑娘，就托人跟姑娘的父母商量，要是双方父母都觉得不错，就让两个年轻人见见面，然后很快就可以定下来了。

订婚和结婚都要取得双方家长的认可。男女双方的家长相互握手订婚，举行婚礼则是确认两家正式缔结姻亲关系。芬兰人的婚礼风俗的形成不但受到民间传统的影响，而且受到教堂和教会一些宗教规定的影响。只有在教堂举行的婚礼才具有法律效力，因为是在上帝见证下举行的仪式，这样才会得到人们的认可。

西格丽特很满意索菲娅：这个女孩很能吃苦，又心灵手巧。菲利普知道父母想让他娶索菲娅为妻，非常高兴。他跟索菲娅从小一起长大，已经偷偷喜欢她很久了，只是不知道怎么开口表达。

两家人迅速地准备起来，想要给年轻人一个难忘的婚礼。结婚前，菲利普的朋友们为了庆祝这桩婚事，就按照习俗，用又粗又长的绳子把准新郎官的手绑在身后，然后用绳子拖着他在大街小巷溜达。这是芬兰的一项传统活动，被绳子拖着的就是将要做新郎或者新娘的人。这是为了祝福即将结婚的朋友，结束单身的日子，开始美好的新生活。

菲利普他们走到哪里，人群都哄笑成一片。孩子们兴高采烈地拍着手哼着歌，跟在他们后面到处跑。朋友给菲利普带上一个面具，可是他依然觉得人们都盯着他看，实在是太不好意思了，还有一些不认识的乡亲也送上祝福，热情地拥抱这个准新郎，把他的衣服扯得乱七八糟的。

他们到家的时候，家里人看着菲利普凌乱的衣服笑成一团。玛丽带着孩子也回来帮忙准备婚礼。大家的生活忙碌而充实，到处都是愉快的笑声。

7. 永远的西格丽特

菲利普结婚后就跟索菲娅住在离父母不远的地方。他们俩白天都去工厂做工，忙得连饭都顾不上吃，到深夜才踏着星光回来。西格丽特心疼这两个年轻人，每到周末就让他们回来吃饭。她的身体已经很虚弱了，不过依然坚持自己下厨给菲利普夫妻做些好吃的。

西兰帕平时总是忙于自己的事情，家里大大小小的琐事都要西格丽特操心。孩子又多，几乎没有几件省心的事。小一点的孩子都在上学，只要有的吃有的玩，就没有什么可苦恼的了；大点的孩子就不一样了，尤其是玛丽。

因为她是西兰帕夫妇的第一个孩子，又非常懂事，所以西格丽特最喜欢的就是她。为了玛丽的婚事，西格丽特可谓是操碎了心。可惜天公不作美，玛丽刚结婚不久，丈夫就突发重病，后来虽然治好了，却落下了病根，还欠了一屁股债，再加上有了孩子，开销就更大了，挣的钱总是入不敷出，日子过得十分清苦。

玛丽也算得上是任劳任怨的人，可是有时候还是会受不了这种吃了上顿儿没下顿儿的日子，实在忍不住了就抱着孩子回家跟母亲哭诉。西格丽特每次都尽量接济她，给些钱，买好多食材让她带回去。不过，西格丽特也不敢给她太多，毕竟家里还有正在上学的弟弟妹妹，菲利普的婚事也花了不少钱。

过了没多久，菲利普突然回家来说，工厂给的钱实在是太少了，他们起早摸黑地干活，也就只能勉强糊口。他准备跟同乡的人一起去外面闯一闯，索菲娅也去。西格丽特听了不太高兴，她打心眼里不想让儿子离开家乡。她觉得留在海曼屈莱挺好的，祖祖辈辈都是这么过来的，日子虽然苦，但也不是不能生活。再说外面还不是一样？无论在哪里，挣钱的都是富人，穷人就只有饿肚子的份。可是，菲利普坚持要出去。最后，西兰帕劝她说，孩子大了，有了自己的生活，随他吧。

菲利普跟索菲娅简单地收拾了行装就出发了。他们决定先去坦佩雷——它是北欧最大的内陆城市，位于芬兰西南部，是芬兰第三大城市。他们有好几个同乡都在这边找到了工作。西兰帕在坦佩雷读过中学，他曾经告诉孩子们，坦佩雷位于两大湖泊之间的狭长地带，风景优美，并且把它形容成一个既美好又繁华的地方，很令人向往。菲利普和索菲娅决定先找工作，安顿下来再写信回家。等到以后日子过好了，就把家乡的父母和弟弟妹妹都接出来，让他们也安心享享福。

儿子走后，西格丽特十分想念他。孩子们都大了，一个接一个地离开家，西格丽特想，她该是老了吧。事实上，长年累月的劳苦、操心，使得西格丽特的身体越来越差。她浑身上下没有哪个器官还是健康的，都多多少少有些问题。最明显的是腰疼，她现在稍微走一点路，两条腿就又麻又痛，像灌了铅似的，一定要停下来扶着墙站一会儿或者蹲下休息一会儿，才能用手托着腰继续朝前走，而且也不能提重的东西或者干重活了。

更糟糕的是，西格丽特的心脏最近也出现明显的问题。她常常胸骨钻心地疼痛，心悸，还呼吸不畅。有一次，家里没有人，她本来是想在西兰帕回来之前把他过两天出门要穿的衣服洗好。没想到，她刚一站起来就觉得头晕，眼前天旋地转。然后，她眼前发黑，重重地昏倒在地上。西兰帕一进门就看到妻子躺在地上，人事不省，吓了一大跳，连忙把西格丽特送到医院去。

医生详细地给西格丽特做了检查，最后得出结论。他告诉西兰帕，西格丽特的身体就像是一株年老的大树，树干和树枝都已经枯朽了，并不是哪一个地方出了问题，而是整个身体的运转都逐渐缓慢，生命力衰竭。像这样的情况，一般没有什么更好的治疗方法，只能靠吃药维持生命，而且一定要安心静养。

可是西格丽特哪里能闲得下来呢？这一大家子人哪个不牵动着她的心？何况，这一段时间以来，村子里来了许多外面的人。她虽然没有文化，可是跟着西兰帕日子久了，耳濡目染的也有了一定的判断力。她知道，怕是又要打仗了。

西格丽特猜得并没有错。1939年，对于全世界来说都是不同寻常的一年，世界局势风云突变，急剧恶化。以德国、意大利、日本法西斯为轴心国的一方，与以反法西斯同盟和全世界反法西斯力量的另一方进行了大规模的殊死较量，欧洲战争的序幕已经拉开，整个世界都不可避免地滑入一场世界大战的深渊。

外面的世界风起云涌，连海曼屈莱这样的小乡村都不能幸免。因为缺少药品，西格丽特每次拿药都要到海曼屈莱外面的大医院去。她想起离家在外的儿子，心急如焚，连连催促西兰帕写信给菲利普，让他带着索菲娅立马赶回来。

不知道为什么，他们迟迟没有收到菲利普的回信。跟菲利普夫妻一起出去找工作的年轻人都陆续回来了，只有他们俩还留在那里。西格丽特顾不上身体的疼痛，挨家挨户地问有没有人跟菲利普在一个工厂上班，或者回来之前见过他们。可是，这些人都爱莫能助地摇摇头。他们说只是跟菲利普和索菲娅一起去了坦佩雷，后来找了工作就分开了。因为吃住都在工厂，又总是加班，所以大家平时很少见面。工人的流动性非常大，经常是哪有活干就上哪去。他们也很久没有见过这对夫妻了。

Chapter 3 | 第三章 辉煌与阴霾

西兰帕和西格丽特很担心，不知道孩子们在外面出了什么事。思前想后，西兰帕决定动身去一趟坦佩雷，把孩子们找回来。

就在西兰帕动身的前一天，西格丽特心事重重地坐在床边。因为没有菲利普和索菲娅的消息，她担心得吃不下睡不着，身体很快就垮了下去。

西兰帕刚想安慰安慰她，突然发现西格丽特的表情很不对劲。她似乎非常痛苦，皮肤显得异常苍白，甚至能看到青色的血管。她扭头看着西兰帕，可是就连这个动作都十分的吃力。然后，西格丽特开始剧烈地呕吐，身上已经被冷汗浸湿了。西兰帕突然有种不祥的预感，立即把她送进了医院。

到达医院的时候，西格丽特已经深度昏迷了。玛丽急匆匆地从家赶来，鞋带也没来得及系。她趴在西格丽特的耳边，不停地呼喊着妈妈。可是，西格丽特人事不省，她的额头烫得吓人，呼吸也很不规律，时强时弱，还伴有间歇性的四肢抽搐，看得家人们提心吊胆。

医院迅速组织了医生和护士进行抢救。西兰帕寸步不离地守在急诊室外，玛丽安顿好家里的孩子和弟弟妹妹，就一直陪在父亲身边。他们等啊等，病房外人来人往，没人看得出他们内心的焦躁和担忧。护士手脚麻利地冲出来，告诉他们病人突发脑溢血，急需动手术，通知家属立刻去签字交钱。

西兰帕跟着护士去办手续，心里忐忑不安。签字的时候，他的手不停地抖，想控制都控制不住。无奈，他只好用左手使劲地攥着右手腕,把手续办好。他的名字签得歪歪扭扭,像他乱如麻绳的心情。年轻的小护士出于好心,安慰他说虽然病人的情况不是很乐观,但不会出太大问题的。西兰帕脑子一片混乱,也不知道有没有把这话听进去。他勉强地朝小护士挤了个笑容,然后回到急诊室外默默等着。

终于,手术室的门开了,走出来一位疲惫的医生。西兰帕带着女儿围上去,紧紧地盯着医生。医生顿了一下,慢慢摘下口罩,说话有些犹豫,似乎在筹措着用词。他吞了一下口水,艰难地开口说,他们已经尽力了——西格丽特已经过世了。

西兰帕的脑袋轰的一声炸了,耳边嗡嗡地响,什么声音也听不到。他茫然地看着医生一张一合的嘴巴,什么都想不了,也什么都不愿意想。他只想赶快把西格丽特接回家去,其他什么都不重要——他们以后再也不要来这家医院了,这里都是信口开河的庸医。玛丽无助地哭喊着,看着父亲像无头苍蝇似的乱窜,想到母亲还躺在里面那张冷冰冰的手术台上,她什么主意都没有了。

西兰帕靠着墙壁,一头栽倒在地上,无声地昏了过去。他多想就这样睡过去,最好永远都不要醒过来,那就什么伤心事都没有了。

他醒过来的时候,身边围满了人,亲戚朋友都赶了过来。在他昏过去的这段时间里,艾当姆和玛丽的丈夫帮忙处理了手头紧急的事情。他们结清了医院的款项,买了结实的棺木,又把西格丽特收拾好送到教堂去,还通知了乡亲们,忙得连轴转。

西兰帕深吸一口气,在玛丽的搀扶下慢慢地坐起来,最小的女儿珍妮也听话地拿了一个靠枕给他垫着。西兰帕看着懂事的女儿,眼圈瞬间红了。珍妮已经知道了母亲过世的消息,之前父亲一直昏迷不醒,家里慌作一团,根本就没人理她,她吓得也不敢哭,现在看到父亲平安地醒过来,她站在床边,牢牢攥紧父亲的衣角,放声大哭。

西兰帕把小女儿抱在怀里,看着身边其他的儿女,又想起下落不明的菲利普,不禁失声痛哭。在场的人都不忍心,他们想着西格丽特平日的好,也流下伤心的泪水。片刻之后,玛丽突然想起一件事,她告诉父亲,汉克斯叔叔知道他们家里出了事,已经动身去坦佩雷寻找菲利普和索菲娅了,应该很快就会有消息传来。西兰帕这才稍微感到一点安慰。

西格丽特的后事办完后不久,汉克斯来信说他已经找到了菲利普和索菲娅。这对小夫妻离开工厂之后去了一个有钱人家里打工。有段时间,主人家里事情特别多,他们没顾得上跟家里说,这才断了联系。现在知道家里出了事,立即动身赶回来。

西兰帕看着这样的信不知道说什么好,他跟西格丽特共有三个儿子,五个女儿。几个女儿都还算懂事,可是儿子都不甚争气:他们不爱学习,更不喜欢文学,都早早地离开了学校,没有一个儿子像西兰帕想的那样走上写作的道路,做个有才又有出息的人。西兰帕深深叹了口气，西格丽特不在了之后，他总是有事没事就感慨一番，有时候明明脑海里什么都没有想，珍妮却说他一直在叹气，还不可抑制地流下泪来。

菲利普回来之后，西兰帕逐渐改变了之前的想法。他开始觉得，孩子有才、有出息都不是最重要的，最重要的是他们都健健康康、平平安安地活着。

8. 硝烟中的荣耀

1939年9月1日，第二次世界大战全面爆发，局势一发不可收拾。希特勒不费一兵一卒就占领了中欧小国奥地利和捷克，不久之后，被现代工业成果全副武装起来的德军又以他强横的武力迅速攻占了波兰。当时和纳粹德国订有互不侵犯条约的苏联已经吞并了波罗的海爱沙尼亚、拉脱维亚、立陶宛等三个独立的小国，而且正准备以相同的手段对付芬兰。面对欧洲最庞大的红色帝国显露出的狰狞獠牙，弱小的芬兰感受到了空前的危机。

1939年11月30日，苏联悍然出兵入侵芬兰，广大芬兰人民进行了顽强的抵抗。这是一场极为著名的以弱胜强的战役。虽然芬兰的机动部队当时只有12.7万人，动用所有的后备军后才有35万人，但就是这35万人进行了艰苦的抵抗和反击，在芬兰那美丽的森林、沼泽、雪地中发起了无数次阻击战，用他们的生命和意志保卫着芬兰。

当然，光有英勇无畏是远远不够的，斗争策略也极其重要。芬兰的滑雪部队通常身披白色伪装服，他们熟悉环境，可以在雪地中迅速运动。芬兰的雪地狙击手更是百发百中，让苏军胆战心惊。他们还大量使用在西班牙内战中发明的石油炸弹。

芬兰的天气也站在了芬兰人民一边，北欧的冬天常常低达—40℃，残酷无情的严寒气候极大地制约了苏军的行动。芬兰军队往往能出其不意地进攻苏联军队的食堂和篝火附近的营地，游击战取得很大的成功。

战争一直延续到次年3月，苏联在苏芬战争中付出的惨重代价使苏联不得不正视现实，重新与芬兰谈判和约。由于弹尽粮绝，芬兰政府也只得接受苏联的讲和条件。1940年3月13日，两国在莫斯科签订了和平协定，芬兰将其东南部包括芬兰第二大城市维堡在内的卡累利阿地峡、萨拉地区和芬兰湾的大部分岛屿割让给苏联，并把汉科港租给苏联30年。

芬兰虽然割让了1/10的领土，但通过战争避免了与其他波罗的海国家一起被并入苏联的命运，最后虽对苏联做出一些妥协，但基本保证了国家主权和民族独立，可谓有得有失。由于整个战争是在冬季严寒中进行的，史家又称之为"冬战"。

就在漫天遍地的硝烟与战火中，瑞典学院宣布了该年度的诺贝尔文学奖获得者（此后因战争停止授奖四年，直到1944

年才恢复）。在战火中宣布的这位获奖人便是西兰帕，获奖作品是那部久负盛名的《少女西丽亚》。

事实上，西兰帕自从1930年起就被提名为诺贝尔文学奖的候选人，在以后的八、九年中，他几乎每年都被提名。1939年和西兰帕同时参加角逐的还有其他五位芬兰作家和诗人。

最后，瑞典文学院经过衡量和思考，选择了既是以芬兰文写作，又较之其他两位用芬兰文写作得更有成就的西兰帕荣获该年度文学奖之冠。瑞典文学院的常任秘书霍尔斯陶穆起草了西兰帕作品的报告书。他本人对西兰帕以描写芬兰农村生活为主的作品十分欣赏，称他继承了19世纪法国著名的小说家左拉的遗风，以有力的写实主义风格叙述了人类的不幸，作品具有浓郁的抒情韵味。

长篇小说《少女西丽亚》发表于1931年，故事情节已经为人们所熟知：主人公西丽亚年轻貌美、心地善良，从小受过良好的教育，向往着美好的未来。然而，父亲去世后，为了生计所迫，她做了女佣。后来染上肺病，贫病交加，在受尽人间苦痛后，年纪轻轻便离开了人世。它真实地反映了富人与穷人之间的不平等关系，作品成功地塑造出一个美丽、温柔、善良、高尚的少女形象。这部小说当年不仅在芬兰引起持久的轰动，而且在国际上也激起很大反响，被译成瑞典、英、法、德、俄等20多种文字。

西兰帕为什么能获得诺贝尔文学奖呢？这要从他的创作谈起。正如《少女西丽亚》译者前言所说，早他一年获得诺贝尔文学奖的有我们耳熟能详的赛珍珠和她的《大地》。现在看来，有些评论家说得对。她是站在"一位在中国的美国女教士的立场上"来看中国的，"不过一点浮面的情形"。而西兰帕则深深扎根于芬兰大地：他熟悉芬兰民族的历史、人民的心理、祖国的山山水水、乡亲的音容笑貌。他是真正的芬兰农民的儿子，热爱农村和农民，尤其是贫苦农民。所以，他的著作常取材于真实的农民生活，具有乡土气息，带着浓厚的民族色彩。西兰帕笔下清新刚健的民族风格，淳朴朴素的笔调，是一般的作家所没有的。他不仅是芬兰的骄傲，也是世界的骄傲。

正如列宁评价托尔斯泰那样："托尔斯泰是俄罗斯的一面镜子"，我们不妨也可以说西兰帕是芬兰的一面镜子。

文学就是这样，有地方色彩的，具有自己的民族文化精神的，会更容易成为世界的而被广泛传播，因为只有真正了解自己民族的优秀传统精神，具备自己民族的灵魂，才能了解别的民族的优秀传统，渗透他们的灵魂。

西兰帕的不同凡响不仅表现在创作上，也深刻地反映在技巧中，即使被译成外国文字也能清晰地显现出来。他的语言淳朴简洁、真实客观，没有丝毫做作，像清澈的溪水流淌跳跃在山涧，反映出以艺术家独到的眼光捕捉到的一切。他的选材极为慎重考究，在简单的日常生活中创造出美，这就是成功的诀窍。

在欣赏西兰帕的小说时，人们不是看到他做为一位作家在书桌前写作，而是看到一位画家在画架前进行诗意的挥洒。人们往往习惯于让自己的眼睛以一种新的方式去观赏。他在描绘夏日阳光里的天空和云彩时，面对人们普遍喜爱的题材，还能让大家忘记固有的印象，以全新的视角来体会它们，然后再以大师的妙手奏响美妙的乐章。他写作的高雅风格，描写的细腻，白描似的刻画人物，独具特色的流畅语言，高度的表现手法，以及精娴圆熟、色彩丰富的创作技巧，令万万读者为之赞叹。

西兰帕喜欢单纯和典型，这种特色同样表现在他对人的描写上。西兰帕喜欢描写农民的日常生活，这是他非常熟悉的题材。他笔下都是再普通不过的穷苦农民，他们牢牢扎根在土地上，从大地汲取生存的力量。

最后，瑞典文学院以"由于他在描写两样相互影响的东西——他的祖国的本质，以及该国农民的生活时所表现的深刻了解与细腻艺术"为理由，授予他1939年诺贝尔文学奖。

就这样，因为美丽而善良的少女西丽亚，西兰帕迎来了他人生最为辉煌的一刻。

由于战争连续不断地发生，诺贝尔文学奖在这场硝烟笼罩下的抗衡难免给人一种草率、萧条之感；一年一度的隆重颁奖典礼被取消了，瑞典文学院在斯德哥尔摩市的证券交易所——一座古老的王宫里设宴招待了唯一的一位客人，他就是千里迢迢从芬兰前来领奖的西兰帕。仪式虽然简单，却在西兰帕的心中激起千层浪。

西兰帕领奖回国后,许多记者在隆隆的炮声中采访了他。他和许多获奖者一样,都忘不了那句经典的话:"这项奖不仅是颁给我个人,同时也是颁给我的祖国。"是的,他是芬兰历史上到现在为止唯一的一位诺贝尔文学奖得主,是芬兰人民的骄傲。

在谈到自己最著名的作品时,西兰帕道出了别人未能道出的话:"与《少女西丽亚》有关的一切,通常都既举足轻重,又壮丽非凡。"

人们认为,没有任何艺术家更能这样渴望涉足于现实的事物。他代表了人民,又没有任何华丽的外表,他的不屈不挠的勇气是英勇伟大的,永远忠于职责,面对死亡毫无畏惧。

Chapter 4

第四章 阴影中的生活

1. 分饰两角

西兰帕领完奖从斯德哥尔摩返回家乡,芬兰举国上下热烈地欢迎了他的归来。虽然局势仍然十分混乱,社会动荡不安,人们还是举行了盛大的欢庆仪式。人们为他献花,为他鼓掌欢呼,庆祝这难忘的时刻。

海曼屈莱的朋友们也纷纷送上自己的祝贺。艾当姆精心准备了一份礼物——西兰帕最喜欢的利口酒,这在战争年代可算是稀罕物儿。可是,这些都不能提起西兰帕的兴趣,他只是最开始在瑞典领奖的时候欣喜若狂,后来一想到身边少了西格丽特,这种激动的心情瞬间就被冲淡了。

朋友们离开后,西兰帕独自回到家,孤零零地望着墙上西格丽特的照片出神。他总是不由自主地想起她。他们朝夕相伴了20年,身边的一草一木都有她的影子——这些都无时无刻不提醒着她曾经存在过。

他想起他们刚结婚时的情景:夏天的田野郁郁葱葱,天空高远,蝴蝶飞舞,一切美不胜收。西格丽特在湖边快乐地奔跑,回头呼喊他的名字。阳光洒在她的身上,时光暂停成一幅油画。那时候,她那么年轻,举手投足都有着青春的气息。

青年时代的感情往往热烈浪漫激情澎湃,然而容易消退。就像西兰帕的初恋,爱过痛过挣扎过,也就忘记了。多年之后想起来,可以坦然地付之一笑。可是,他跟西格丽特的感情不一样:他们是真正的患难夫妻。那些相濡以沫,一起经历忧患的时刻,是岁月也无法抚平的深刻。他们的爱情就像白开水一样,乍看上去平淡无奇、毫不起眼,然而淡而弥永、久而弥笃,这是别人所体会不到的。

西格丽特走后很长时间,西兰帕都不能适应。他总是觉得她似乎还在,家里的摆设跟从前一模一样,谁乱动他都不让。衣橱里西格丽特的衣服一件一件地挂在那里,仿佛她只是出了一趟远门,很快就会回来——到那时,生活就会恢复原样,就好像做了一个长长的梦,醒了就没事了。

他每次出门办事回来,眼前晃动的都是西格丽特昔日系着围裙在厨房忙活的身影。那时候,空气中弥漫着好闻的甜香,吉米和珍妮趴在桌边认字,小手指一点一点的。看到他回来,妻子肯定会第一时间迎上来,让孩子们给爸爸端茶倒水。

夜晚他在书房写稿,恍惚中就看到西格丽特推门进来。她端着煮好的咖啡,有时候是一杯热牛奶,看着他喝下去。她常常什么都不说,只是用关切的目光注视着他,摸摸他的手臂,然后把空杯子拿走。

有一天傍晚,西兰帕把烟放到嘴边,却到处都找不到打火机。他站在院子里张口就喊西格丽特,喊完之后就醒悟过来,感觉到一阵巨大的空虚。珍妮趿着拖鞋,举着打火机跑出来，无助地看着他。每次听到爸爸喊妈妈的名字，小姑娘总是很惶恐，她大约能明白爸爸的心情，她也很想念妈妈。

西兰帕抱着小女儿，很是唏嘘。他想，要是西格丽特还活着，看到他获得诺贝尔奖不知道该有多高兴。要是她也能一起分享他的成功和喜悦，那该多好啊！又或者，不用分享他的成功，只要她还活着，活着就好。

失去了西格丽特，西兰帕生活中的一切都变得没有意思。他做什么都没有兴趣，也变得沉默寡言。他经常一个人坐在湖边，凝望着远方，神情茫然而悲苦。生活中没有了目标，他怅然若失，不知道该如何继续。

西格丽特过世后，留下了八个孩子。玛丽跟菲利普都已经结了婚，有了属于自己的生活；老三和老四在工厂干活，西格丽特生前替他们安排好了婚事，以后也不用太过操心；还有两个孩子在外求学；只有最小的吉米和珍妮还留在他身边。

从前，家里大大小小的琐事都是西格丽特一个人照料着，他只管写写文章，其他什么事都不用操心。虽然表面上他是家里的顶梁柱，但他心里比谁都明白，西格丽特才是把这个家凝聚在一起的核心力量。现在妻子不在了，他一定要把一切都照顾好，不能让她在天上看着也放不下心。

西兰帕既当父亲，又做母亲，手忙脚乱地照料着孩子们的生活。玛丽跟索菲娅也时常回来帮忙。她们轮流把弟弟、妹妹接到自己家里住两天，减轻一下西兰帕的压力，让他慢慢适应现在的生活。

战争仍在继续，芬兰和苏联签订了芬苏条约后，为了捍卫自己的利益，芬兰随即倒向纳粹德国，并于1941年随以德国为首的轴心国集团一起进攻苏联。在这种无休止的战争大背景下，劳苦大众的生活越来越难过：物价飞涨，粮食和药品短缺；通货膨胀严重，马克大幅度贬值。

与此同时，西兰帕开始慢慢整理西格丽特留下的东西和家里的账本。他从前只知道家里开销一直很大，他们夫妇俩又都不善理财，一直处于入不敷出的状况，可是，他并不清楚家里到底欠了多少钱。当他仔细核对了账本和存款单之后，震惊地发现：截止到今年，他积欠出版公司的债务竟高达250万芬兰马克！

这是一笔数额巨大的债务,诺贝尔文学奖的奖金1000万瑞典克朗,大概是140万美金,折合成马克,约为200万左右。就是把所有的奖金都用来还债,也还不清这笔债务,何况,奖金的一部分他已经花掉了。

西兰帕非常沮丧,总是背着一身债让他一直生活在一种紧张的状态下。他时常因为担心交不出稿子而无比烦躁,再加上西格丽特的去世,他的精神受到巨大打击。西兰帕心灰意冷,对生活的一切都失去了信心。

于是,就在西兰帕获得诺贝尔奖、事业到达巅峰的那一年,他因为失去了挚爱的妻子,创作热情衰退,基本中止了文学创作活动,只埋头于回忆录的创作。

2. 决定戒酒

自从西格丽特离开后,西兰帕总是觉得心里空落落的,好像有一个巨大的空洞,怎么都填不满。他也不知道要做什么,心里茫然一片,也无意于小说的创作。空虚的时候,他就喝酒。最好是喝到酩酊大醉,一头倒在床上,呼呼大睡,他以为这样就能摆脱这人世间纷纷扰扰的一切。

时间一长,西兰帕似乎有了酒瘾。他只要没事就想喝酒,什么酒都行,只要酒杯是空的,他就仿佛浑身长刺儿般不舒服。他一杯接一杯地喝，除了这个，他对什么都漠不关心，连孩子们都懒得管了。对于孩子，他总是草草地给他们弄点吃的，就沉浸在自己的醉生梦死里。

一天上午，索菲娅来送她给吉米做的新衣服。男孩子长得比较快，她上次来的时候就注意到吉米的裤子有些短了，露出光光的脚踝。索菲娅没有看到西兰帕，就问孩子们爸爸在哪里。孩子们你看看我，我看看你，就竹筒倒豆子般地把西兰帕的近况描述了一遍。索菲娅察觉到不对劲，她叮嘱珍妮把家里的酒瓶全都放起来，并让菲利普经常回来看看。

不过，这些都没什么用。西兰帕酗酒更厉害了。从前他还做一些家务事，现在连饭也不做了。吉米和珍妮要是饿了，西兰帕就让他们到哥哥姐姐家吃饭——反正都住在一个村子里，近得很。他则一个人抱着酒瓶喝得昏天暗地，有时候喝醉了还跑出去，跟跟跄跄地走到哪就睡在哪，直到路人把他拍醒或者天黑了孩子们来带他回去。这让孩子们很是苦恼，不知道怎样才能把他的酒瘾戒掉。

长期过量的酒精摄入，严重损害了西兰帕的身体健康。他看东西的时候眼神萎靡，肝脏和胃都出现了不同程度的病变。家人们担心这样下去他的身体会受不了，就严肃地告诫他以后不准再喝酒。性情直爽的玛丽甚至说："妈妈走的时候，让你照顾弟弟妹妹，结果你看你现在，连自己都照顾不了。"

想到西格丽特，西兰帕的心更痛了。他拿起酒瓶，就想往嘴里灌。玛丽劈手夺过酒瓶。西兰帕低着头,也不说反驳的话,拎着外套拿点零钱默默地出去了。大家都知道他肯定是又到外面喝酒去了,恨得咬牙切齿,对这个父亲真是一点办法都没有。

没想到,一直到了天黑,西兰帕还没有回来。芬兰的冬天跟夏天日照时间刚好相反,一到下午天就全黑了,外面气温零下几十度,非常寒冷。通常天快黑的时候,西兰帕就会回家来。可是今天,珍妮守在门边等啊等,可就是没有看到爸爸的身影。

珍妮心想,该不会是因为姐姐跟爸爸吵架,爸爸一生气喝多了,不知道回来的路了吧?以前也有这种情况,西兰帕因为喝得太多,连话都讲不清楚,还是别人把他搀扶着送回来的。就为这件事,菲利普哥哥气得好几个星期没到这边来。

小姑娘不安地走来走去。家里只有她跟吉米,天黑下来之后,外面的风呼啸着,拍打着窗沿。气压越来越重,好像要下大雪了。果然,风愈刮愈大,乌云沉重地压向地面,笼盖了苍茫的田野、道路和村庄。天空暗沉得像推不开的墨色。雪开始下了,先是小朵小朵的雪花,柳絮般的轻轻飘扬着;然后越下越大,一阵紧似一阵,风吹着雪花,团团片片,纷纷扬扬,顷刻间天地一色,风雪弥漫了整个原野。

吉米让珍妮老老实实待在家,哪里都不要去。他像个小大人儿似的把门窗牢牢关紧,把自己裹得跟个粽子似的,然后出门去找菲利普哥哥,让哥哥把爸爸带回来。不然,就只靠他一个人，就算找到了爸爸肯定也背不动。玛丽跟菲利普住的离父亲家都很近。即便是这样，吉米也走了好一会儿。风雪漫天飘舞，他连眼睛都睁不开，路面也被雪覆盖，他只能凭着感觉深一脚浅一脚地走着。

到哥哥家的时候，吉米已经冻成了一个雪人。索菲娅看着这个小雪团，连忙让他到壁炉边烤火。吉米冻得说话都结结巴巴的，不过他只说了几个简单的词，菲利普就明白了，爸爸午饭前出门喝酒，到现在还没有回来。菲利普望了一眼外面的鹅毛大雪，脸色就沉了下去：这种天气，万一西兰帕醉倒在路边，那可就麻烦大了。他让索菲娅把小珍妮也接过来，然后顶风冒雪地出门了。

菲利普找遍了西兰帕常去的地方，可是大家都说没有见过他。菲利普心中的不安越来越强烈，他又急又气又冷，狼狈极了。玛丽和丈夫也出来找西兰帕，村里的乡亲也来帮忙。大伙把村子彻底翻了个底朝天，才有人发现西兰帕睡倒在桑拿浴房里。

不过，大伙发现，西兰帕的脸色很不好。他沉睡不醒，脸色异常苍白。在桑拿房这么温暖的地方，他皮肤冰凉，嘴唇还有些发紫，像是极度寒冷的样子。玛丽吓得用力摇晃他，拍打他的面颊，他依然昏迷不醒。大伙心知事情不太妙，于是七手八脚地把他抬到医院去。

医生马上诊断出西兰帕是急性酒精中毒，迅速把西兰帕送去救治。玛丽心里害怕极了，她抓住医生的手臂急切地问情况如何。医生安慰地拍拍她,说问题不大,让他们在外面等着。听到医生这样说,众人才放下心来。

忙了大半天,菲利普一一谢过乡亲们,让他们都回家去,顺便带个口信给索菲娅,省得她在家里担心。玛丽也让丈夫回去照顾孩子们。他们俩出门的时候,孩子们就很不愿意独自待在屋子里,吵着要跟爸爸妈妈在一起。玛丽放心不下,催促丈夫快点回去。

然后,姐弟俩就守在医院里,等西兰帕醒过来。第二天上午,天蒙蒙亮的时候,西兰帕悠悠地睁开眼。他觉得全身上下酸疼无比,胃里十分难受。他四下打量了一下,发现这根本不是自己的家。这个时候的西兰帕,还没明白发生了什么。他头疼得很,只好用手紧紧地按在额头上,这才稍微好一些。坐起来真是一件费力的事,西兰帕斜靠在床头微微地喘气。这时,他看到隔壁病床上蜷缩着两个熟睡的身影。他眯了眯眼睛,看出是玛丽和菲利普,两个人睡得正香。

值班的小护士看到他醒了,就去喊医生。这个声音把床上的玛丽和菲利普吵醒了。玛丽一扭头,看到父亲安好地坐在床边,眼泪瞬间就下来了。他昨天可把她吓坏了。她一晚上都在想,爸爸醒了之后她一定要好好教育教他她——她才不管他是什么世界知名的大作家呢。可是现在看到父亲醒了,她却什么话都说不出来,只知道哭。菲利普拍着她的后背,轻声地安慰她。西兰帕这才隐约猜到昨晚究竟发生了什么。看到自己让一家人这么担心,他羞愧极了,不敢直视儿子和女儿。

医生走进来，西兰帕连忙坐直，他对穿白大褂的人天生有种敬畏感，不知道这是不是跟他的母亲和西格丽特都是病逝有关。医生给他做了详细的检查，发现西兰帕已经没什么大碍了，就叮嘱他以后决不能再过量饮酒，又开了一些调养的药，然后就让他出院了。

经过一番折腾，西兰帕得到教训，又听了孩子们恳切的话语，也觉得自己太自私了。他一回到家，就把家里的酒全扔了，发誓再也不酗酒——他决定要彻底把酒瘾戒掉，重新振作起来，好好地生活。

3. 第二任妻子

不过，酒瘾可不是说戒就能戒得掉的，西兰帕为此颇费了一番功夫。他扔掉了家里所有的酒，接受孩子们严厉的监督。每次酒瘾一上来，他就自觉地找点别的事情做。由于身体恢复缓慢，西兰帕刻意地多出去散步。艾当姆也劝他不要总是待在家里，要多出去走走，呼吸呼吸新鲜空气，否则没病都会闷出病来。

海曼屈莱虽然只是个乡村地区，但人们并不是一味地只知道干活挣钱。他们也有自己的娱乐生活，注重休闲与享受。除了钓鱼、打猎，海曼屈莱人最热衷的就是乡村舞会了。

当然，这跟城里光怪陆离的舞会不太一样，远没有那么奢华，但乐趣却一点都不会少。每逢周末的晚上，大家吃完饭，把家里收拾干净，就三五成群地来到湖边的木屋。这栋漂亮的木屋从前是一个大地主的房子，他有了钱之后就举家搬到大城市，把房子借给一个远房亲戚住。后来这个亲戚病死了，房子闲置多年无人问津。村里人觉得它地理位置好、周围环境优美，场地也够大，就用来做乡村舞会的场所了。

恰好这天是周末，艾当姆让西兰帕早早地吃完饭，然后两人一起来木屋散散心。他们到的时候还很早，天刚刚暗下来，周围稀稀拉拉的只有几个人。一般要到深夜，舞会才达到高潮；过了午夜，人群就会慢慢散去，各自回家。

艾当姆遇见几个朋友，聊得热火朝天——他似乎跟谁都很谈得来。西兰帕一个人慢慢地踱出来，在湖边随意地走着。夜静极了，一轮月亮从远处的林子里升了起来，宁静地开放在墨蓝色的天空，洒下银色的光辉，把温柔的倒影投入到湖水中。

西兰帕望着这如水的夜色，仿佛整个身心都变得澄澈通透起来。他之前一直沉浸在自己纷乱的心绪中，忽略了这么迷人的夜色。远处传来熙熙攘攘的声音，是刚从家里赶来参加舞会的人们。透过薄薄的夜幕，西兰帕突然发现人群里有一个熟悉的身影，于是定睛望去。对方显然也认出了他，她笑着，挥舞着手臂，朝他走来。

这是安娜·阿米亚·凡·赫特珍，他在赫尔辛基执教时认识的朋友。她的丈夫过世前对西兰帕的作品有些自己的心得，他们常常在一起讨论，彼此非常欣赏对方，还邀请对方到自己家里做客。不过，西兰帕跟安娜并不熟，他们见面只简单地打个招呼，倒是西格丽特跟她比较聊得来。后来，听说安娜的丈夫意外去世，西兰帕就没有再见过她了。

一番交谈之后，西兰帕才知道，原来安娜也是个可怜的女人。她自幼父母双亡，被寄养在亲戚家，小小年纪就出去打工，见识了世间百态，后来亲戚给她定了一门亲事，她偷偷地看过对方，觉得那个男人还不错，就早早地结了婚。她的丈夫后来做生意发了一笔财，生活无忧，还把她接到赫尔辛基去享福。

她也的确过了几年好日子。丈夫给了她一个安稳的生活，没让她受一点罪，不料造化弄人，丈夫意外死了，家里财产被夫家抢占一空，只给她分了点零碎的小钱，连房子也被霸占了。她无处可去，只好又回到海曼屈莱。

安娜的遭遇让西兰帕很是同情。同是天涯沦落人，他不禁向安娜说起西格丽特过世后他的痛不欲生。两个人在月光下说着，沉浸在对过往的回忆里。他们仿佛有说不完的话，连舞会什么时候结束的都不知道。西兰帕发现，他对安娜有一种莫名其妙的熟悉感。两个人明明只认识了很短的时间，却又像认识了很多年。

西兰帕踏着浓浓的夜色把安娜送回去。艾当姆一眼就看出安娜心中有对西兰帕不一样的钦佩，也察觉到两人之间暗生的情愫。他虽然从前不认识这个女人，但是对她过世的丈夫却有所耳闻——那是个爽朗而又爱冒险的生意人，人品还不错。也许是生活环境迥异的缘故，安娜看起来跟海曼屈莱的女人非常不同。这种特别并不仅仅体现在她的衣着和谈吐上，更通过她的一举手一投足表现得淋漓尽致。

岁月似乎对她格外优待，没有在她身上留下明显的痕迹。当然这可能也跟她注意保养有关。她显出一种优雅成熟女人的风韵，她的那种神韵和风采，是带着青春气息的少女或者海曼屈莱的农妇们身上所没有的。

大家发现，西兰帕跟安娜突然变得熟络起来。她经常有事没事就到西兰帕家里去，还自告奋勇地帮他收拾家务。西兰帕也常常到安娜家中做客，一般都是吃了晚饭再回来。孩子们也敏感地发现了父亲的变化，他的心情变得很好，脸上常常挂着笑容，话也多了，对着谁都是一副温柔儒雅的模样，而不是像从前那样总是缅怀过去，做个无药可救的酒鬼。

安娜每次到西兰帕家来，总要带点小礼物给吉米和珍妮——有时候是顶可爱的帽子，有时候是暖和的靴子。不过两个孩子似乎不太领情，他们莫名其妙地看着这个突然闯入他们生活的女人，显出不知所措的惊慌。

跟年幼的弟弟妹妹相比，玛丽的态度非常明朗。虽然她也很希望父亲走出过去的阴影，但这并不代表她就能心无芥蒂地接受另外一个人做他们的母亲，何况还是一个十分不擅长家务、只知道保养自己的人。玛丽很不喜欢她，担心弟弟妹妹以后会受委屈。不过，这并没有改变什么。西兰帕认为，当孩子们追求他们自己的生活时，他从来没有反对过，现在他只不过要晚年有个伴，希望孩子们能理解。

11月的时候，西兰帕决定娶安娜为妻，相扶相依地走完余下的时光。因为双方都是再婚，他们低调地举办了婚礼，只请了一些亲戚和非常熟悉的朋友。赫尔辛基市的市长赶来为他们证婚。在这位大名鼎鼎的市长面前，安娜大大方方地对着西兰帕说了"我愿意"。有时候，幸福就是这么简简单单的三个字。

这个时候，西兰帕已经51岁了。过往的岁月是颠沛流离、艰难困苦，然而却是硕果累累的半生。他的名字点亮了芬兰历史的长河，任大浪淘沙，丝毫不会褪色。

4. 小女儿出嫁

此后几年，正是二战全面爆发、激战正酣的时候。从欧洲到亚洲，从大西洋到太平洋，先后有61个国家和地区、20亿以上的人口被卷入战争，作战区域面积多达2200万平方千米，到处都是硝烟弥漫、炮声隆隆，到处都是流离失所的人们。海曼屈莱暂且算得上是一片被世间所遗忘的原野，这里虽然没有装备精良、纠缠厮杀的军队，却也受到了战争的影响。粮食紧缺，医院里只备有少量的药品用来救急。西兰帕跟家人就在乡村里，过着艰苦却平淡的生活。

转眼间，孩子们都长大成人了，连最小的珍妮也长成了大姑娘，要嫁人了。她是西兰帕最疼爱的女儿，懂事又贴心。这些年珍妮陪在父亲身边，西兰帕非常地喜欢她。西格丽特过世的时候，珍妮还小，她都没有来得及看到女儿长大。为了让珍妮结婚后能过得更好，西兰帕想为珍妮准备一份丰厚的嫁妆。

不料，这个想法却遭到了安娜坚决地反对。她一改往日温柔的模样，牙尖嘴利地说："家里穷得快揭不开锅了，欠下的一大堆账还没还，哪还有钱给人准备嫁妆？"西兰帕生气地反驳，不过也说不出什么理直气壮的道理来。西格丽特过世之后，他才发现家里欠下了巨额的债务。这几年，他无意于文学创作，只做些编辑之类的工作，收入微薄。全靠安娜精打细算，他才能过得这么舒心。对于这一点，他对安娜多少有些愧疚与抱歉。

这样一来，西兰帕无可奈何。家里的钱平时都在安娜那里——她是个很会过日子的女人，一分钱掰成几瓣儿花，照样花得有滋有味。她对西兰帕也不错，嘘寒问暖，也不像别的妻子那样一看到丈夫没有挣钱就摆出哀怨的神色来。但是安娜有一样不好，她对西兰帕的前妻西格丽特留下的儿女都没有什么好脸色，不要说视如己出了，连日常的关心都很少。所以，她跟孩子们的关系并不好，甚至有些僵持。

尤其是玛丽，两个人无论说什么都话不投机，讲着讲着就要吵起来。家里人平时尽量避免让她们见面，不过有些场合总是免不了碰头。这不，为了准备珍妮的婚事，两个人又开始闹矛盾，把家里吵翻了天。西兰帕不愿意让小女儿结婚前还为家里的琐事烦心，就接受了安娜的建议：他们出大部分钱，玛丽、菲利普和几个大一点的孩子也出一部分，只要是成了家的人都要拿出自己的心意，用来给珍妮筹备嫁妆。

这下，菲利普的妻子索菲娅又不太高兴了。她跟丈夫嘟囔，不是她不心疼妹妹，可是后妈也太过分了。无论如何，他们也是爸爸的儿女，她这么抠门真让人寒心。菲利普无话可说，只吩咐她不要再跟玛丽讨论这件事，不然不知道又会闹成什么样子。

虽然过程不太愉快,但是结果仍然令人满意——珍妮总算风风光光地嫁了出去。她的丈夫是坦佩雷的一位医生,为人谨慎、性情文雅、收入颇丰。更重要的是,他对珍妮很满意,表示一定会好好对她。得到这样的承诺,一家人都放下心来。珍妮离开家的时候,西兰帕禁不住热泪盈眶——他总共有八个子女,如今连最小的这个也离开了家,去奔赴属于自己的生活。他心里又高兴、又难过。

5. 新的获奖者

在西兰帕获得诺贝尔文学奖之后,因为受到大范围战争的影响,诺贝尔文学奖从1940年开始停颁:在那个混乱的年代,战火遍地,人们吃不饱、穿不暖,连最基本的生命安全都不能保障,哪还有心思去评什么奖?

直到1943年,局势出现了翻天覆地的变化:苏联军队出人意料地取得了斯大林格勒战役的胜利,从此,苏军开始转入战略反攻阶段。这场著名的战役不仅改变了苏德战场的形势,更推动了整个世界战争形势的转变,成为二战的转折点。就是从这个时候开始,法西斯联盟在各个战场上步步受挫,逐渐饱尝到战争的苦果。

到了1944年，尽管战火仍然在蔓延，法西斯反动力量尚未被彻底消灭，但人们已经隐约感到噩运即将过去，光明就要到来。在这种情况下，舆论普遍认为应该恢复诺贝尔文学奖，因为这也是战后"心灵重建"工作的一个重要部分。

为此，瑞典学院决定选择一位既有国际声誉，又有人道主义色彩的作家。最后选中了丹麦作家约翰内斯·威廉·扬森，他是丹麦著名的小说家、诗人，获奖作品是《漫长的旅行》。这是一部叙述人类进化过程和表现达尔文进化论观点的长篇巨著，共分为六个部分，分别为《冰河》、《船》、《失去的天国》、《诺尼亚·葛斯特》、《奇姆利人远征》和《胡利斯朵夫·哥伦布》。

西兰帕传

《冰河》是一部描写冰河时代猿人的神话。故事发生在远古的第三世纪,冰河南下把瑞典和丹麦原来生长着的大片热带植物林全部毁灭。小说的主人公杜连克奋而起来反抗寒冷,并且想要杀死寒冷。他手持石斧向北而行,独自生活在冰河上,后来他终于发现寒冷并非是一个人,"是一股自然的力量而并非人性",这就形成了北欧宗教的起源。

杜连克靠狩猎为生,他抓到人就吞食掉。有一天他在海边抓到一个名叫莫娅的女人,他不仅没有杀掉她,反而坠入情网,成了那里的第一对夫妇。杜连克年老临终之前,他的家族繁衍日多,都一起生活在冰河上。他最后做出了一生中最伟大的功业,即发现击石可以取火。杜连克的儿子维兹比和情人越过瑞典和波罗的海来到海滨彼岸,正巧这时大地迸裂,火焰喷出,这样他就发现了可以长久使用的火种。他又绞尽脑汁,发明出车轮,为了返回故乡又发明制造了可以横渡波罗的海的船只。他们的儿子开始从事耕耘。

第二部《船》是以孩子的口吻写的,受到当时的青少年读者的热烈欢迎。故事发生在北欧海盗时代,一群好勇斗狠的青少年加入了海盗集团,驶往英国。这些海盗半途改航,南下意大利,一路上烧杀掳掠。等到他们返回丹麦,首领成了有权有势的富豪,这批海盗成了社会秩序的保护者。这部小说是以丹麦古代英雄史诗"萨迦"风格写成的。

第三部《失去的天国》描写瑞典的原始森林被火山毁灭。但是斯堪的那维亚民族的回忆中却仍然记住在僻远的地方有一片森林，为了寻找这个天国，青年菲亚离开部落，径自攀登上神的火山，盗取火种。但是族人并不感谢他，最后他被族人所杀。

第四部《诺尔纳·盖斯特》的主人公盖斯特生于石器时代，当时丹麦处于母权社会，人们在树上筑巢而居。盖斯特同年轻女子皮厄真正相爱，这样他们就从原始野蛮的群婚风俗中朝向文明跨进了一步。盖斯特曾经受巫术，可以活300年，皮厄死后，他茫然若失，到处流浪，后来他所爱恋和一起生活过的女人一个个相继死去，他直溯尼罗河源头，想探寻"死亡之岸"，但却毫无所获。

第五部《克利斯朵夫·哥伦布》描写哥伦布发现美洲大陆的故事。

第六部《奇姆利人的远征》描写青铜器时代的生活和风俗，主人公依然是那个能够活300年的盖斯特。他在许多场合伸出援助之手，帮助奴隶，例如有的希腊奴隶抽中笠将变成祭神的牺牲品，有的女子被掳成为奴隶将在罗马市场拍卖，盖斯特都大力相救以致化险为夷。

在此之前，约翰内斯·威廉·扬森已经连续十八次得到诺贝尔文学奖的提名，这次终于成为第二次世界大战中恢复颁奖的第一位获奖者。他的获奖理由是："由于他凭借丰富有力的诗意想象，将胸怀广博的求知心和大胆、新奇的独创风格结合起来。"

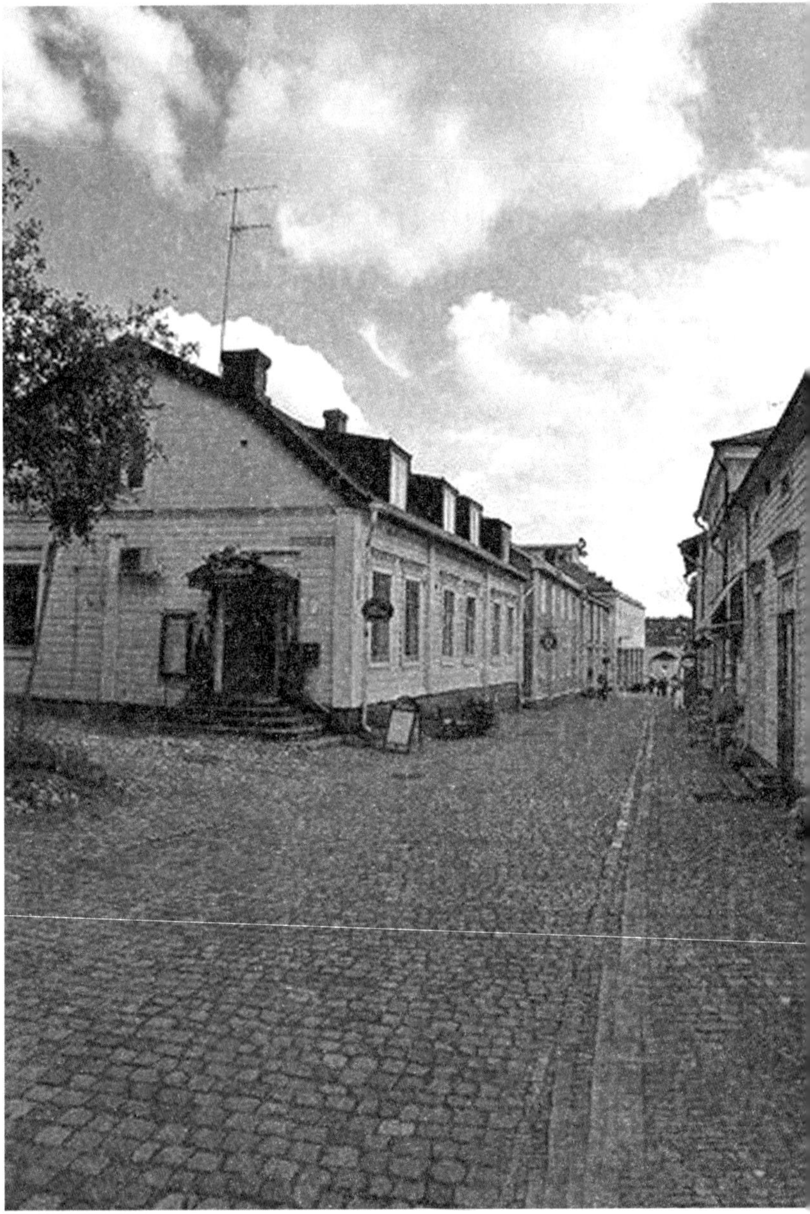

6. 重新执笔

随着时间的推移,战争局势日渐明朗。法西斯联盟的大军在各个战场上都出现了不同程度的溃败。中途岛海战、阿拉曼战役都可以被称为第二次世界大战的转折点。1945年5月,德国军队已经退无可退。由于胜利无望,德国领袖希特勒绝望地饮弹自尽。他自杀之后,德国随即宣布投降。8月,为了加速战争的结束,美国向日本的广岛、长崎分别投掷了毁灭性的原子弹,日本天皇宣布投降并于9月签署无条件投降书。至此,第二次世界大战宣告终结。

这场波及广泛、影响深远的战争,以法西斯联盟战败、世界反法西斯联盟获胜而结束。在评价这场战争之前,我们必须清楚地认识到:虽然芬兰曾经随着德国军队进攻过反法西斯阵营的核心力量苏联,但必须反复地指出,芬兰在1939年是恪守中立的。历史可以作证,芬兰保持中立的决心丝毫不亚于瑞典。

正是苏联才把芬兰从中立的停泊之处冲走。在希特勒对苏联进攻的这些特定条件下,芬兰无可避免地卷入了1941年至1944年的大战。在这样的局势下,芬兰人民为了收复失地而战,其正义性是无可指责的,只是时机不巧,卷入了一场世界大战的洪流。苏芬战争与希特勒入侵苏联之战只是机缘巧合地碰在了一起,但这并不是出于芬兰自己的选择,也不是事先与德国密谋商量好的。

芬兰在这场法西斯同盟发动的侵略战争中是个特例,她的正义性是毋庸置疑的。

二战对人类产生了深远的影响,彻底改变了世界政治经济格局。联合国在美国东海岸的纽约成立,以苏联为首的社会主义阵营扩大,和美国领导的资本主义阵营分庭抗礼。

战争所带来的血腥杀戮、所造成的巨大破坏,长久地反映在战后人类社会生活的各个方面:经济方面,交战双方直接军费开支总计约3万亿美元,占交战国国民总收入的60%至70%,参战国物资总损失价值达4万亿美元。同时,二战也对军事武器的发展起到了重大推动作用,而这些军事领域的突破又直接催生了战后人类的第三次科技革命。

这场空前绝后的世界大战总共导致了全球5千万人的死亡,超过历史上任何一次战争。在这场血腥的战争中,无辜平民的伤亡是历史上最惨重的,其中包括了纳粹德国针对犹太人和其他东欧人种的大屠杀、日本对无数中国与朝鲜平民的大屠杀,以及战争末期盟军针对德国与日本境内民用目标的轰炸。这场战争也是首次平民死亡人数大大超过作战人员死亡人数的战争。

二战不仅给整个世界造成了深远的影响,更改变了生活在这个世界里的人民。1944年,芬兰战败,与苏联等国签订和约。1945年第二次世界大战结束后,苏联要求芬兰赔偿大量的战争赔款,芬兰只好用工业品折价赔偿给苏联,而苏联又十分挑剔,弄得芬兰政府苦不堪言。

数以万计的人家破人亡、背井离乡,留下可怕的战争阴影和创伤。精神上的巨大伤害、物质匮乏带来的折磨,这些伤痛将伴随他们一生,无法抹去。那些原本自立于天地之间的生命,被无情地刻上暴力的印记。他们失去美丽的家园、肥沃的土地,甚至是朝夕相伴的亲人。他们不知道什么时候又会再爆发一场可怕的大战,再次把他们辛勤耕耘的一切都夺去。

人们惶恐无助、心灰意冷。面对废墟般的家园,人们觉得所有的努力都是徒劳的,轻易就可以化为泡影。既然这样,活着还有什么意思呢?他们想起逝去的亲人,那些曾经活着、笑着的人们无辜地丧生在这场战争中。人们心中堆起不可抑制的愤怒,他们恨,恨战争的发起者,恨这无情的世界,恨造物主的袖手旁观。

在这种情况下,战后心灵重建工作变得尤其重要。如何让人们从战争的阴影中走出来,重拾对生活的信心,是当前工作的重中之重。在这个过程中,文学作品对人类精神的鼓舞和激励起着不容忽视的作用。许多作家纷纷重新拿起笔来,参与到战后的心灵重建。

人们给予了西兰帕很大的期望,因为他是一个深深扎根于芬兰大地的作家。他谙熟民族的历史、祖国的山川、家乡的风俗,特别是贫苦农民的生活和心态。他以往的作品大多取材于他的家乡，着重表现的是农民的生活，有着强烈的民族特色，散发出浓郁的乡土气息，作品中的主要人物也闪烁出感人的人性美的光辉。这正是这个时候亟需要表现和颂扬的。

西兰帕自己也深感社会的破败和人心的颓丧。做为一名有社会责任心的作家，他感到自己肩负着不可推卸的责任。时隔六年，他决定重新执笔进行创作。经过长时间的沉淀和积累，他不知道又会爆发出怎样的光芒。

Chapter 5

第五章 最后的时光

1．《八月》与《人生甘苦》

战后的心灵重建工作，毫无疑问是一个漫长的过程，炮火中变成废墟的房屋、设施可以重建，但更急需重建的还有人们的心灵。大众憧憬的是美好的未来，而不是被疾病、伤痛、稀缺的食物和污染的环境所包围的痛苦的生活。他们有权利享受幸福的生活，让生活的欢乐去抚平他们心灵的创伤。战争过后，百废待兴。人们面对变成一片废墟的家园，内心恐慌又绝望。到处充满了不安的因素。在这种情况下，心灵的创伤更需要去抚平。

散文集《八月》和小说《人生甘苦》就是在这个特殊时期出现在人们的眼前的，其后短篇小说集《我亲爱的祖国》等作品也一一问世。西兰帕这个时期的文字，除了揭示现实的个人风格外，更注重描述人生中看似平常的细微之处，人们往往会忽略日常生活中很多的细节，而在西兰帕的笔下，每一个细小处都似乎在尽量展示人性中的真善美，对于唤起人们对美好生活的回忆和未来幸福的憧憬，不可否认地起到了重要作用。在战后的整个50年代，西兰帕散发出了他做为一个乡土作家新的光芒。

进入晚年的西兰帕，开始了自己的两部回忆录创作，这就是后来诺贝尔官方网站的《弗兰斯·埃米尔·西兰帕自传》，在这部自传中，西兰帕用他一贯朴素的笔风缓缓回顾他平常但又不平凡的一生。与他本人以前的作品相比，西兰帕在自传中更注重描述他和家人的情感生活，可能是出于对子女们的愧疚之情，自传里的文字，有很多是西兰帕和八位子女童年时期的美好回忆，在这些充满温情的字里行间，我们不难看到西兰帕的内心世界，那就是人性与善良。

同时显耀着人性的光辉的还有女作家赛珍珠。

赛珍珠的第一部自传是《我的中国世界》。她是一位著名的美国女作家，于西兰帕获奖前一年赢得了诺贝尔文学奖。在诺贝尔奖授奖仪式上，她高度评价了中国小说的艺术技巧。书中叙述了她在中国、美国、日本等国生活经历，但重心在中国。在接受诺贝尔文学奖的讲话中，她说道："中国人民的生活多年来也是我的生活，的确，他们的生活始终是我的生活的一部分。我的祖国与我的第二祖国（指中国）的人民的心灵在许多方面有相通之处。其中最重要的是，他们都酷爱自由。这一点在当今的中国比以往任何时候都更真实。目前中国举国上下正在进行着有史以来最伟大的战争——为自由而战。我从未像现在这样对中国充满了敬仰之情。中国是不可征服的。"

西兰帕就像他的前任获奖者赛珍珠那样，一生的创作都深深扎根与普通民众的生活。他们朴实、谦逊、有责任感。他们忠实的在作品中反映出现实的生活，力图推进人们生活状况的改善。在这一点上，西兰帕做出了不可磨灭的贡献。

2. 病故

创作完回忆录，西兰帕显得异常的憔悴。他常年酗酒，过量的酒精摄入已经严重地侵蚀了他的健康。曾经有一段时间，他眼前总是出现闪烁的幻觉。家人还把他送到专门的病院进行治疗。

那是一段令人不忍回想的经历。到处都是严厉的医生和护士，还有精神不太正常的病人。好在他只待了很短的时间，就被确诊为正常。家人迅速地把他接了出来，告诫他以后

不能再酗酒。不过这似乎没有什么用。

家庭的重担都压在西兰帕的身上,他因为上了年纪,也很少有作品问世。没事做的时候,他就只能喝酒,这已经成了他的一种消遣。

有一天,西兰帕的眼前再次出现了幻觉:

那似乎是一个雾蒙蒙的清晨,一条大船的误入打破了宁静的桎梏。西兰帕看到大船便显出异样的恐惧、不安、慌乱。他疯了似的奔跑着,然后哭诉起来:"我只是想回家,那是一场雾,我错了吗?"

迷蒙的雾中没有方向,甚至看不清人的面孔,家在哪里?亲人又在哪里?

西兰帕恍惚地走到大船前,似乎想登上去,但是他又梦呓般的喃喃自语着:"我说了什么?对了,我一直很痛苦,但是……我要忘记它们,我必须想到发生的一切,就是我的生活,确实如此,对不起,原谅我……"最终他还是没有上船,上了船或许也一样。

迷迷糊糊的西兰帕对远方的海似乎有着强烈的向往,他想给他最钟爱的小女儿讲个故事:从前岛上有个小女孩……发现了一个偏僻的海滩……有透明的海水,粉红的岩石……还有甜美的歌声……

西兰帕的子女们看着他们垂垂老矣的父亲,默默垂泪无语,这已经不是父亲第一次酒精中毒了,精神和现实的双重压迫,使这个老人的身体状况越来越差,更糟糕的是西兰帕常常陷入回忆和一些莫名的幻想中去,在那个时候,西兰帕感觉声音和图像都是鲜艳的,渐渐地,声音没有了,图像也都被刷成了黯淡的黑白照,仿佛整个世界都静了音,空气稀薄得令人窒息,墙壁上的时钟秒针走动的似乎不是时间,而是生命。西兰帕渐渐没了意识,他只觉得自己只是在等待着某个时刻,等待悲剧的上演。

在这种时候,西兰帕的精神状态异常的不稳定,以至于子女们不得不把他送进精神病院加以治疗。

西兰帕和第一任妻子西格丽特所生育的8个孩子都纷纷从各地赶回来。他们都已经各自成了家,有了自己的孩子,独立在外打拼着。看到久未见到的孩子们,西兰帕的脸上稍微有了一些笑意。他们是他和西格丽特的爱情结晶,是他们生命的延续。他的身体越来越糟糕了,精神也不好,也许在某一个夜晚,他就这样沉沉地睡去,再也不会醒来。可是,这又有什么关系呢?

他的一生,什么没见过,什么没经历过啊?他有过幸福无忧的童年,坎坷的青年时代,收获的中年和相对稳定的晚年生活。不仅如此,他还有孝顺的儿女和深爱他的妻子。这就够了,生命虽饱经风霜,却依旧开出顽强的花朵。他已经没有什么遗憾了。

在生命的最后时光,这个风烛残年的老人,在他自己的精神世界里孤单的独自漂泊,直到那最后一刻的到来……

3. 葬礼

病房里一片令人窒息的安静，西兰帕躺在床上，神智已经有些不太清醒。他的眼前似乎出现了一些幻觉，过往的一切一一浮现在脑海：海曼屈莱的夏天多美啊，还有母亲慈祥的面容和父亲粗糙的手掌。他奔赴赫尔辛基追梦的那一年，乡亲们殷切的目光似乎依然那样深刻。还有艾丽克斯。那个天真美好的女孩子，带给他生命最初的鲜活。

然后呢，然后他就拿起了手中的笔，开始另一段新的历程。在这段旅途中，是西格丽特，始终不离不弃。他们相濡以沫，相互扶持着走完了大半生。

西兰帕艰难的转过头，望着病床前守着的儿女。他们虽然都没有取得什么大的成就，但好在他们平安健康。这就够了。做为一个父亲，他没有更多的奢求。这是他生命的延续啊，他的孩子们，他多么想再陪陪他们啊！

可惜，他再也不能了。西兰帕默然的叹息，他的一生，虽不完美，却也没有什么遗憾了。

月光照不到这里，但这个夏天的夜晚仍有些风，天是暗色的，一片飘来的乌云把天遮住了大部分，没过多久，那片飘来的云果真下起了雨，落在了玛丽和菲利普满是泪水的脸颊上，仿佛上天也在为西兰帕的离去而哀伤。"我们以信德和信赖将已亡的弟兄姊妹交托在天主父的手中。愿你免我们的债，如同我们免了人的债。不叫我们遇见试探，救我们脱离罪恶，因为国度、权柄、荣耀全是你的，直到永远。阿门！"

殡葬弥撒是以告别礼做为结束，也是整个团体向亡者告别，并将他交托给慈悲天主的时刻。在淡淡的哀伤告别曲中，人们对西兰帕的离去表达了最大的追思和祝福。

1964年6月3日，弗兰斯·埃米尔·西兰帕病逝于赫尔辛基，享年76岁。他的子女们为父亲举行了一个很小的葬礼，消息传开后，芬兰人民感到了莫大的悲痛和惋惜。做为诺贝尔文学奖获得者，他无愧为芬兰的骄傲，更为重要的是，在他的字里行间人们看到了那颗质朴真实的感人心灵闪烁出的人性美的光辉。

俗话说："一部伟大的作品可以改变一个人的一生。"文学对于一个人一生的影响确实是显而易见的，而西兰帕的文学作品，所影响的却是整个世界。

芬兰笔会、芬兰作家协会对这位逝去的文坛前辈作出了如下评价：

> 西兰帕的精神遗产至少有以下四点。第一，他对文学事业的那种神圣感，以整个生命去打造自己的文学；第二，他对普通小人物命运深刻、持久地关注；第三，他所塑造的西丽亚等人物形象，给了社会底层，特别是正处于奋斗中的青年以永远的感情共鸣与精神鼓励；第

四，他尽可能地挖掘、表现了社会底层每个人本身潜在的朴素而又宝贵的精神。这四点足以使一位作家永远不朽。他的作品中那些人物及其命运，已远远超越了文学的范畴，他给一切卑微的人物以勇气与光亮，让他们知道自己能够走多远。他成为芬兰文学的代表人物，引领了一个时代的发展。做为芬兰唯一一位荣获诺贝尔文学奖的作家，他当之无愧。

Appendix

附录

西兰帕生平

弗兰斯·埃米尔·西兰帕（Frans Eemil Sillanp）于1888年9月16日出生于芬兰海曼屈莱地区一个贫苦的佃农家庭，自幼生活十分艰辛。

西兰帕从小天资聪颖，勤奋好学。尽管家中生活拮据，父母还是省吃俭用，千方百计地供他读书。

1908年，在中学毕业后，他以优异的成绩考入芬兰最高学府赫尔辛基大学自然科学系，攻读生物学和数学，立志当一名优秀的生物学家。

然而，残酷的现实无情地击碎了他的梦想：大学的最后一年，他因家庭日趋贫困而被迫辍学。回乡之后，他跟一个农民的女儿结婚，并开始了文学创作生涯。

在西兰帕创作的早期，正是芬兰民族矛盾和阶级矛盾空前尖锐，斗争十分激烈的时期。

1919年，他发表长篇巨著《神圣的贫困》，反映了芬兰贫苦农民的命运，展现出芬兰历史的真实景象。

20世纪30年代，西兰帕出版了一些重大的小说，其中1931年的《少女西丽亚》和1934年的《夏夜的人们》引起了广泛的关注。

1936年，他被授予赫尔辛基大学名誉哲学博士学位。

除此之外，西兰帕还有长篇小说《生命和太阳》（1916）、《一个人的道路》（1932）、《八月》（1941）、《人生的美和苦恼》（1945），短篇小说集《黑里图和拉纳尔》（1923）、《天使保护的人》（1923）、《地平线上》（1924）、《棚屋山》（1925）、《潮流深处》（1933）和《第十五》（1936）等著名作品。

1939年，西兰帕凭借《少女西丽亚》一书获得诺贝尔文学奖。但是，由于不善理财，西兰帕一直没有摆脱经济上的困扰。而且，在这一年，他的妻子西格丽特因为过度操劳而离开了人世，对西兰帕造成了很大的打击。他的创作热情从此衰退，基本中止了创作活动，只写了一些回忆录。

1964年6月3日，西兰帕在赫尔辛基病故，享年76岁。

获奖时代背景

1939年9月1日,希特勒以闪电战进攻波兰,波兰军队抵挡不住向东撤,9月17日苏联军队从背后又捅一刀,不宣而战攻入波兰东部,击溃了猝不及防的东撤波军。在苏德两强的夹击下,弱小的波兰很快战败,十余万军队向苏联投降,没有执行投降令的军队退入罗马尼亚和立陶宛。至此第二次世界大战全面爆发,局势一发不可收拾。

由于苏联对波兰早怀有野心,战前苏德签订《苏德互不侵犯条约》时就搞了个秘密议定书,确定了两国在东欧的利益范围。苏联同意德国占领波兰,德国也认可苏联从波兰手里"收复"西白俄罗斯与西乌克兰(即当时的"东波兰")。现在这被认为是两国"第四次瓜分波兰"。

当时和纳粹德国订有互不侵犯条约的苏联早已吞并了波罗的海爱沙尼亚、拉脱维亚、立陶宛等三个独立的小国,在瓜分了波兰之后,又准备以武力手段来对付芬兰。面对欧洲最庞大的红色帝国显露出的狰狞獠牙,弱小的芬兰感受到了空前的危机。

1939年11月30日,苏联悍然出兵入侵芬兰,广大芬兰人民进行了顽强的抵抗。这是一场极为著名的以弱胜强的战役。虽然芬兰的机动部队当时只有12.7万人,动用所有的后备军后才有35万人,但就是这35万人进行了艰苦的抵抗和反击,在芬兰那美丽的森林、沼泽、雪地中发起了无数次阻击战,用他们的生命和意志保卫着芬兰。

当然,光有英勇无畏是远远不够的,斗争策略也极其重要。芬兰的滑雪部队通常身披白色伪装服,他们熟悉环境,可以在雪地中迅速运动。芬兰的雪地狙击手更是百发百中,让苏军胆战心惊。他们还大量使用在西班牙内战中发明的石油炸弹。

芬兰的天气也站在了芬兰人民一边,北欧的冬天常常低达—40℃,残酷无情的严寒气候极大地制约了苏军的行动。芬兰军队往往能出其不意地进攻苏联军队的食堂和篝火附近的营地,游击战取得很大的成功。

战争一直延续到次年3月,苏联在苏芬战争中付出的惨重代价使苏联不得不正视现实,重新与芬兰谈判和约。由于弹尽粮绝,芬兰政府也只得接受苏联的讲和条件。1940年3月13日,两国在莫斯科签订了和平协定,芬兰将其东南部包括芬兰第二大城市维堡在内的卡累利阿地峡、萨拉地区和芬兰湾的大部分岛屿割让给苏联,并把汉科港租给苏联30年。

芬兰虽然割让了1/10的领土,但通过战争避免了与其他波罗的海国家一起被并入苏联的命运,最后虽对苏联做出一些妥协,但基本保证了国家主权和民族独立,可谓有得有失。由于整个战争是在冬季严寒中进行的,史家又称之为"冬战"。

就在漫天遍地的硝烟与战火中，瑞典学院宣布了该年度的诺贝尔文学奖获得者（此后因战争停止授奖四年，直到1944年才恢复）。在战火中宣布的这位获奖人便是西兰帕，获奖作品是那部久负盛名的《少女西丽亚》。

小说的主人公是一个富家少女，破产后父母双亡，而沦为女佣。主角年轻貌美、心地善良，从小受过良好的教育，向往着美好的未来。然而，后来却染上肺病，贫病交加，在受尽人间苦痛后，年纪轻轻便离开人世。这部小说真实地反映富人与穷人之间的不平等关系，而且作家成功地塑造一个美丽、温柔、善良、高尚的少女形象。这部小说不仅在芬兰引起轰动，而且在国外激起很大反响，译成瑞典、英、法、德、俄等二十多种文字。

获奖理由："由于他在描绘两样互相影响的东西——他祖国的本质，以及该国农民的生活——时所表现的深刻了解与细腻艺术。"

由于创作上的成就，西兰帕在1943年被选为芬兰笔会荣誉主席，同年当选为芬兰作家协会主席，1936年获得赫尔辛基大学荣誉博士学位。

西兰帕年表

1888年9月16日,出生于芬兰海曼屈莱。

1919年,出版代表作《神圣的贫困》。

1923年,出版短篇小说集《黑里图和拉纳尔》。

1924年,出版作品集《靠近土地》。

1925年,出版作品集《小丘上的窝棚》。

1928年,出版作品《忏悔》。

1931年,出版重要作品《少女西丽亚》。

1932年,出版长篇小说《一代人的命运》。

1934年,出版重要作品《夏夜的人们》。

1939年11月,获得诺贝尔文学奖。

1944年,出版小说《八月》。

1945年,出版作品《人生的甘苦》。

获奖当年世界大事记

（1939年）

1月，莉泽·迈特纳、奥托·汉恩发现核裂变。

1月21日－1月30日，国民党五届五中全会召开。

1月25日，贺龙、关向应率120师主力到达冀中河间西北惠伯口，同冀中党政军领导机关会师。

1月26日，在西班牙内战中，弗朗西斯科·佛朗哥在意大利帮助下占领巴塞罗那。

2月2日，罗马教皇庇护十一世逝世。

2月4日，日本飞机轰炸贵阳。

3月2日，庇护十二世当选为新教皇。

3月3日，圣雄甘地在孟买绝食抗议英国对印度的殖民统治。

3月14日，斯洛伐克在约瑟夫·蒂索神甫领导下宣告独立。

3月15日，希特勒进入布拉格，德国军队占领捷克。

3月16日，伊朗国王穆罕默德·礼萨·巴列维与一位埃及公主结婚；捷克斯洛伐克成为德国的波希米亚和摩拉维亚保护国。

3月22日，立陶宛割让梅梅尔给德国。

3月28日，西班牙内战：弗朗西斯科·佛朗哥的军队占领马德里。

3月31日，德国和西班牙缔结友好条约。

4月1日，佛朗哥宣布西班牙内战结束。

4月4日，费萨尔二世加冕为伊拉克国王。

4月7日，意大利入侵阿尔巴尼亚。

4月28日，希特勒谴责英、波条约，索取但泽。

4月30日，国际博览会在美国纽约开场。

5月1日，香港《成报》创刊。

5月4日，"五四"被定为中国的青年节。

5月8日，西班牙退出国际联盟。

5月22日，德国和意大利签署钢铁同盟条约。

6月21日，日本从南澳岛进攻潮汕，汕头沦陷

6月30日，毛泽东发表《反对投降活动》一文，号召"巩固团结，巩固抗日民族统一战线，巩固国共合作"。

7月6日，最后一家在德国的犹太人企业被迫关闭。

7月7日，抗日战争：蒋介石发表《告全国军民书》和《告友邦人士书》，重申抗战到底。

7月26日，美国宣布废除7月11日与日本签订的贸易条约。

8月21日，8月11日开始的法、英、苏莫斯科会谈终止。

8月23日，德国与苏联签署希特勒—斯大林条约。

8月24日，英国宣布总动员。

8月25日，英、波签定互助条约。

8月27日，德国首次试验喷气式飞机。

8月31日，德国党卫军冒充波兰军队袭击德国的一个电台，制造德军入侵波兰的理由。

8月31日，诺门罕战役：苏军击败并歼灭被围日军。

9月1日，德国入侵波兰，第二次世界大战爆发。

9月2日，亨利·吉桑就任瑞士军队总司令。

9月3日，英国、法国和澳大利亚向德国宣战。

9月5日，美国宣布在第二次世界大战保持中立。

9月6日，南非向德国宣战。

9月8日，美国罗斯福总统宣布有限紧急状态。

9月10日，加拿大向德国宣战。

9月15日，日本和苏联关于满蒙边界停火协议签字。

9月17日，苏联入侵波兰并占领波兰东部。

9月24日，华沙被轰炸。

9月27日，华沙投降。

9月28日，波兰军队投降；瓜分波兰的苏、德友好条约缔结；苏联、爱沙尼亚互助条约签字。

9月30日，在瓦迪斯瓦夫·西科尔斯基元帅领导下的波兰流亡政府在法国巴黎成立。

10月5日，苏联、拉脱维亚互助条约签字。

10月6日，希特勒提出和平计划。

10月8日，西波兰和但泽市并入德国。

10月10日，苏联、立陶宛互助条约签字。

10月11日，阿尔伯特·爱因斯坦致信富兰克林·德拉诺·罗斯福总统请求他加快对原子弹的研究。

10月12日，英国首相张伯伦拒绝希特勒提出的所谓和平计划。

10月14日，英国战列舰"皇家橡树"号在斯卡帕湾被德国潜艇U—47号击沉。

10月19日，英国、法国、土耳其条约缔结。

10月25日，希特勒建立被占领的波兰总督辖区政府。

11月4日，美国通过中立法"现款自运"修正案，允许欧洲民主国家购买武器。

11月7日，荷兰女王威廉明娜和比利时国王利奥波德三世提出调解建议。

11月8日，乔治·爱尔塞刺杀阿道夫·希特勒未遂。

11月12日，英国、法国拒绝11月7日荷兰、比利时提出的调解建议。

11月14日，德国拒绝11月7日荷兰、比利时提出的调解建议。

11月30日，苏联入侵芬兰，苏芬战争爆发。

12月4日，中国抗日战争：日军占领昆仑关。

12月12日，茅丽瑛被汪精卫伪政府特工刺杀。

12月14日，苏联被逐出国际联盟。

12月17日，德国袖珍战舰"格拉夫·斯比海军上将"号在蒙得维的亚港外乌拉圭海面自沉。

12月19日，中国军队收复昆仑关。

12月21日，毛泽东发表《纪念白求恩》。

12月31日，抗日战争：日军退出昆仑关；首届维也纳新年音乐会在维也纳金色大厅举办。

出生

1939年7月26日，约翰·霍华德，澳大利亚前总理

1939年7月31日，汤汉，天主教香港教区主教

1939年9月29日，莫洛蒂·摩根，威尔士政治家

逝世

1939年1月28日，威廉·巴特勒·叶芝，爱尔兰诗人、剧作家

1939年2月10日，庇护十一世，罗马教皇

1939年11月12日，白求恩，加拿大医生、国际主义者

图书在版编目（CIP）数据

西兰帕传 / 陈挥地 著. —长春：时代文艺出版社，2012.1（2023.7重印）

（诺贝尔奖获奖者传记丛书）

ISBN 978-7-5387-3899-5

Ⅰ.①西... Ⅱ.①陈... Ⅲ.①西兰帕，F.(1888~1964)–传记 Ⅳ.①K835.315.6

中国版本图书馆CIP数据核字（2011）第271652号

出 品 人	陈　琛
责任编辑	刘瑀婷
助理编辑	史　航
装帧设计	孙　俪
排版制作	隋淑凤

本书著作权、版式和装帧设计受国际版权公约和中华人民共和国著作权法保护
本书所有文字、图片和示意图等专用使用权为时代文艺出版社所有
未事先获得时代文艺出版社许可
本书的任何部分不得以图表、电子、影印、缩拍、录音和其他任何手段
进行复制和转载，违者必究

西兰帕传

陈挥地 著

出版发行 / 时代文艺出版社
地址 / 长春市福祉大路5788号　龙腾国际大厦A座15层　邮编 / 130118
总编办 / 0431-81629751　发行部 / 0431-81629755
官方微博 / weibo.com/tlapress　天猫旗舰店 / sdwycbsgf.tmall.com
印刷 / 三河市嵩川印刷有限公司
开本 / 850×1168毫米　1/32　字数 / 130千字　印张 / 6.5
版次 / 2012年4月第1版　印次 / 2023年7月第3次印刷　定价 / 36.00元

图书如有印装错误　请寄回印厂调换